MW00764932

1a. edición, junio 2003.

© *Esoterismo Gitano*
Perla Migueli

© Derechos de edición y traducción cedidos por:
Latinoamericana Editora S.A., Bueno Aires, Argentina.

© 2003, Grupo Editorial Tomo, S.A. de C.V.
Nicolás San Juan 1043, Col. Del Valle
03100 México, D.F.
Tels. 5575-6615, 5575-8701 y 5575-0186
Fax. 5575-6695
http://www.grupotomo.com.mx
ISBN: 970-666-738-5
Miembro de la Cámara Nacional
de la Industria Editorial No 2961

Diseño de Portada: Trilce Romero
Supervisor de producción: Leonardo Figueroa

Impreso en México - *Printed in Mexico*

Esoterismo Gitano

Por
Perla Migueli

l ser humano necesita creer y todas las personas, de una u otra manera, creen en algo o alguien. Dios, el diablo, los ángeles, los demonios, los gnomos, las hadas y los duendes -incluso los santos-, todos participan en la creencia primitiva de los gitanos. La filosofía de este pueblo es supersticiosa. Para cada hecho de la vida, los gitanos tienen una creencia; todas sus leyes están basadas en la superstición. Y aunque hoy en día el culto, la religión, los movió a hacer algunos cambios y abandonar algunas costumbres, sólo la fe en lo esotérico y lo sobrenatural los moviliza.

Ocurre que el universo es tan vasto, tan amplio, y se encuentra -al parecer- poblado de tantos seres espirituales a la vez, que nadie puede decirnos cómo llegar a materializar nuestros deseos y necesidades. Cuando estos no se materializan naturalmente, no sabemos a qué medios recurrir. Solo hallamos algunos paliativos o ayudas. De este modo, surge en el ser humano la idea de buscar soluciones en otro campo.

Nadie puede negar la eficacia de los métodos que expongo en este libro, ya que durante miles de años fueron utilizados por mis antepasados. La experiencia me enseñó que, si no se encuentra una solución natural, hay que buscarla en lo sobrenatural. Así el campo de acción se vuelve más amplio, ya que sobrepasa lo terreno. Sólo con un poco de fe y algunos elementos naturales resulta posible influir sobre situaciones y personas. ¡Vale la pena intentarlo!

He escrito este pequeño libro recopilando fragmentos de una cultura esotérica que, si bien se ha desplazado a través del espacio y el tiempo, es tan propia de los gitanos como su misma sangre. Lo hice con el fin de ayudar a aquellos que quieran cambiar la "onda" o mejorar sus situaciones.

Lo que describo en este libro es practicado por mí en su mayoría, ya que, si así no fuera, yo sería "una hermana Gatica", es decir, alguien que -como afirma el dicho- "predica, predica y no lo practica". Personalmente, creo en las cosas que pueden cambiar la onda, en la "mufa", en la buena racha que se puede producir, en los períodos de buena o mala suerte. Creo y temo a la envidia, por eso, casi nunca cuento mis proyectos ni canto victoria antes de tiempo. Y sigo, sigo buscando el verdadero trébol de cuatro hojas y espero poder encontrar o cazar algunos de los animalitos que dan suerte. Sigo en la búsqueda de la verdad y del bienestar como todo ser humano, probando todo lo que esté a mi alcance para mejorar mi situación. Es entonces cuando recurro a algunos de los secretos gitanos aquí expuestos. Esperando que a ustedes también les resulten de utilidad, les deseo suerte.

Perla Migueli

CAPITULO

1

Dios, el diablo y los gitanos

Ay Dios, ay Dios, ay Dios, ay Dios.
Ay Dios, mi Dios, mi Dios grande.
Ay Dios, ay Dios, ay Dios, ay Dios.
Ay Dios, ay Dios, mi gran Dios.

RUYO
COLOMPIRI,
canción de autor anónimo

ara los gitanos, Dios siempre fue el ser supremo y el diablo, el monstruo más temido. Debido a su religión católica ancestral, mezclada con ritos gitanos, siempre creyeron y temieron a Dios y despreciaron al diablo. Siempre se creyó en un solo Dios que reinaba sobre toda la humanidad entera -tanto gitanos como "gayé" (gente no gitana)- al cual siempre tuvieron presente en todo momento. En sus bocas de continuo invocaban este nombre y en sus conversaciones Dios nunca faltaba.

La diferencia está en que antes a Dios se lo tomaba en cuenta de una manera y ahora se lo hace de otra. Antes no se hablaba del Evangelio, no existían iglesias evangélicas gitanas y era raro que los gitanos flexionaran sus rodillas en el templo como lo hacen ahora, sino que todo escenario era bueno para invocarlo: la calle, el hogar, un campo o un medio transporte. El motivo es muy simple: para este pueblo -tanto ayer como en nuestros días- con el nombre de Dios se bendice o se maldice; se solicita su ayuda, protección o socorro.

Pero el Dios cristiano no fue siempre el único dios de los gitanos. Hasta hace dos décadas, otro dios se popularizó como Rey y se lo tenía en cuenta. Era un faraón que, según cuenta la leyenda, murió debajo del mar, ahogado. Esta leyenda estaría relacionada con las estacas que sostenían las carpas, pues se aseguraba que el Rey y dios gitano estaba atado en las profundidades marítimas y cuanto más se golpeaban las estacas, más se hundía el Rey en lo profundo de la mar.

El Cristo también hizo historia en medio de los gitanos. Cuentan que cuando Jesús estaba agonizando en la cruz, se acercó una gitana quien, mirando los castigos a los cuales Jesús estaba siendo sometido, se sintió muy dolida en su alma, al punto de llorar por él. Los judíos ya le habían colocado los tres clavos: dos en las manos y uno en ambos pies. Iban a colocarle un cuarto clavo, el más largo y grande y justo en el corazón, pero la gitana lo robó, porque le hacía falta para su carpa y para ayudar a Jesús a sufrir un dolor menos. Los soldados buscaron el clavo por todos lados y, al no hallarlo, desistieron de la última idea.

Algunos dicen que, en vez de mujer, el protagonista del relato fue un hombre gitano. Lo cierto es que, según se comenta, los gitanos robaron el cuarto clavo que le iban a colocar a Cristo y el Señor, en agradecimiento, les dio "blagostobo" (es decir, todo lo bueno, placer, libertad) y bendijo a los gitanos con estas palabras: *Que sean vagos y errantes; que sean libres de toda enfermedad y de los grandes males que azoten a la humanidad; que roben y que no haya cárcel que los sostenga; que siempre sean perdonados por Dios, que queden libres de culpas toda la vida.* Por todo esto, hasta hace pocos años se conservaba la creencia que Dios no tomaba en cuenta los pecados de los gitanos, quienes -al igual que las criaturas- eran inocentes ante Dios por sus travesuras.

Otra leyenda afirma que Dios hizo dos iglesias, una de queso y otra de piedra. Los gitanos eligieron la primera; los "gayé" la segunda. Esto significa que la gitanería decidió vivir en un mundo donde lo que más importa es comer, beber y estar libre de los problemas que persiguen al resto de la gente. A esta versión algunos agregan que Jesucristo les dio también a los gitanos un pedazo de lona para que construyesen su carpa y un trozo de queso. A los "gayé", sólo les dio la piedra.

*La religión de los gitanos, es igual
que su repertorio de supersticiones y creencias,
se basa en la certeza de que coexisten
en el Universo dos fuerzas antagónicas:
Dios y el diablo.*

Acerca del diablo

Así como los gitanos creen en Dios y hablan de su relación con El, de igual modo se habla de pactos diabólicos y ciertas creencias sobre el diablo. Estas son algunas de ellas.

● Es más probable que el mal posea a un ser virgen, que a otro que no lo es. El mal tiene especial poder sobre las doncellas.

● Cuando las personas reunidas en un lugar, o andando en cualquier travesía, suman un número impar, pueden estar tranquilas, ya que no se les aparecerá el diablo, ni ningún espíritu malo, en especial si son tres. También hay que tener en cuenta, para cualquier trabajo, que los elementos o los individuos nunca sumen un número par a fin de evitar apariciones no deseadas.

● Después de la medianoche lo ideal es no llamar a nadie por su nombre propio, sino usar apelativos o pronombres, ya que el diablo podría poseer a aquel cuyo nombre conociese.

● El diablo puede tomar varias formas con tal de dañar a los humanos; entre ellas un inocente bebé que llora en medio del campo a medianoche, abandonado y envuelto en una manta blanca; o tomar el cuerpo de algún ser querido o conocido.

Algunos casos que se fueron transmitiendo de una generación a otra, dan cuenta de haber tenido experiencias directas con el propio satán, unos por invocación y otros por antojo diabólico. Uno de estos casos es el de la señora que se quedaba sola seguido, porque su marido salía de noche a trabajar. Se dice que, después de que el marido se iba, venía el diablo que, con algunas excusas y habiendo tomado el cuerpo del esposo, se acostaba a mantener relaciones sexuales con ella. El misterio se descubrió porque la señora quedó embarazada y dio a luz una sustancia pegajosa. Luego de esto, el demonio ya no volvió a pisar por allí.

Otra mujer, que era muy pobre, fue a invocar la ayuda del demonio a una higuera, a las doce de la noche. El diablo apareció y le prometió hacerla millonaria de por vida, pero le pidió a cambio la persona que más amase de su hogar. Ella aceptó, pero con la condición de que fuera a su carpa la noche siguiente. Lo esperó con un fuego muy grande; él vino y le pidió a un niño de poco tiempo nacido que estaba acostado. Ella le mintió; le dijo que se lo daría pero que esperara un poco más. Luego, ella se acercó a su lado con astucia y rápidamente arrojó su sombrero al fuego y el diablo, que había venido vestido de gaucho, explotó al instante. Así la gitana, sin dar nada a cambio, logró sacarle la fortuna a satán e hizo realidad su sueño de hacerse millonaria.

Estas historias tradicionales datan del siglo pasado. En muchos de estos relatos el diablo venía a visitar las carpas y a hacer lo que se le antojase, como aquella vez que apareció como una horrible criatura peluda y con forma humana, se colgó del palo mayor de la carpa y orinó el fuego. Aunque su orina dejó un olor insoportable, los gitanos no le dijeron nada.

Hoy, según los evangelistas gitanos, el diablo es solo el "dhusmano", el enemigo vencido por Jesucristo, por ello es común incluso desafiarlo y reprenderlo. El demonio ya no es el monstruo del ayer, sino que representa todo lo malo que se sufre en la vida: miseria, enfermedades, problemas familiares, etcétera. Las cosas malas son entonces como pequeños "diablitos": así reinterpretan hoy al diablo los gitanos evangelistas, con una mente sectaria que cada vez va ganando más adeptos.

¿Cómo surgió y cobró fuerza la doctrina evangelista entre los gitanos? Al principio se reunían unos pocos, con otros creyentes "gayé", para entonar cantos, oraciones y lecturas bíblicas, pero al construirse iglesias evangélicas zíngaras y al surgir pastores del mismo grupo, los gitanos volvieron a aislarse del resto.

Con la adhesión de los gitanos a la Iglesia evangélica, se ha producido un cambio casi radical en sus mentes. Se dejaron de lado los rituales y la adoración a los santos, vírgenes y difuntos, para alabar solo a Dios. Más del ochenta por ciento se ha volcado a estas ideas, cambiando sus creencias por otras, al sugestionarse de que las primeras son diabólicas.

De hecho, los gitanos siempre fueron el pueblo de Dios, su origen se vincula con el primitivo pueblo de Israel. En la Biblia podemos encontrar muchas costumbres gitanas. Ellos mismos confiesan que siempre sintieron la protección de una fuerza sobrenatural. Que Dios era su único protector en todo momento, por eso pudieron sobrevivir a pesar de las amenazas, persecuciones y peligros de todo tipo y por tanto tiempo.

La Iglesia católica nunca se opuso a los ritos gitanos, quizá porque a pesar de profesar la fe católica, los gitanos nunca participaron mucho de su culto, ni dieron a conocer sus costumbres. Al sacerdote se recurría en casos especiales, principalmente para bautizar a los niños, o para que oficie alguna misa -generalmente cantada- por algún familiar fallecido, antes de llevarlo a su morada eterna. Decir "cura" o "razzai" es la misma cosa, pero cada vez que se nombra a un sacerdote, a muchos gitanos les suena a "muerte" por eso, cuando se dice "cura" o "razzai", se agrega "Te gjenle le cahinia", aclarando que es mejor no verse obligado a solicitar la ayuda de un clérigo, en pocas palabras, que "es mejor tenerlo lejos".

Sin embargo, cuando aplicando los secretos gitanos, no se lograba liberar a un poseído, se buscaba la oración y colaboración de este personaje, teniendo en cuenta, además, a la iglesia como un lugar sagrado, un edificio poderoso por sí mismo. También se solía ir a buscar agua bendita o a jurar con una vela en la mano para afirmar o negar algo.

Además, antes del advenimiento del evangelismo, la Biblia era un talismán-amuleto, el libro sagrado que convenía tener y guardar, generalmente en un baúl; hoy, en cambio, se convirtió en el libro de cabecera.

Cómo enfrentar al diablo

¿Qué espanta al diablo y a los malos espíritus? El fuego que es, según la creencia de los gitanos, símbolo del espíritu de Dios. Las "ayudas" para liberar a un poseído son las conocidas:

- Llevar a la iglesia al poseído,
  para que oren por él.
- Darle a beber agua bendita.
- Hacer que lleve con él
  una tira de ajo o una cruz.
- Darle a comer un pedacito
  de "chojani"(*).

(*) Pasta que se prepara mezclando un hongo con harina, incienso de sahumar y agua bendita.

- Hacerle un sahumerio con incienso.
- Hacerlo atravesar puentes, ríos y grandes aguas (para que el espíritu pierda el rastro del individuo y no siga persiguiéndolo).
- En la provincia de Buenos Aires una "boeshicha" (mujer gitana de Rumania) se hizo famosa entre los gitanos por los exorcismos que ejecuta con estaño derretido: al parecer transfiere el demonio del cuerpo de la persona al metal fundido.

Si el diablo no ha poseído a ninguna persona presente, pero se "siente" la presencia o voz de alguna fuerza maligna, las alternativas son varias

- Insultarla, maldecir, echarla y decir malas palabras, para que se ofenda, avergüence y entienda que no queremos tener ningún tipo de relación con ella. Así, obligada por la incomodidad, huirá.
- El agua bendecida se puede lograr poniendo en un vaso un crucifijo y echándole agua encima. El agua que cae de la cruz es agua bendita; en caso de que no querramos ir hasta una iglesia a buscarla o no consigamos, esta alternativa sirve.
- A los que sufren sustos, pesadillas o están atormentados, darle a tomar todas las mañanas por nueve días, un sorbo de este agua, a fin de que logren mejoría.

¿Cómo evitar ser llevado o dominado por el diablo? Si se lo ve, hay que hablarle primero, sin hacerle preguntas, para no darle lugar a que nos conteste. Hay que saludarlo y seguir camino. Aunque esto parezca gracioso, es algo cierto. Se trata de no demostrarle que le tememos o que su presencia nos perturba. Al igual que con los fantasmas y los espíritus, no debemos dejar que hable primero si no queremos que domine nuestra voluntad.

Con el diablo hay que ser cortés pero indiferente. No hay que evitar solamente los contactos de palabra, sino toda clase de contacto y, más aún, los enfrentamientos. Si para los gitanos disparar contra un fantasma resulta peligroso, más peligroso es aún disparar contra el diablo, pues si se hace esto, la bala rebotará, volverá hacia el disparador. Si no queda otra salida, hay que pelearse con él mano a mano, o aceptar los desafíos que a veces impone, o proponérselos nosotros.

Pactos con el diablo

Se dice que, para poseer la flor de la higuera, flor que aparece en las plantas viejas y está relacionada con el demonio, hay que luchar primeramente con él. Su principal virtud es dar riquezas y dinero. Son varios los gitanos que, sabiendo esto, han ido a medianoche a esperar las doce en punto para ver la flor y tentar al diablo. Algunos sólo han logrado ser poseídos por él, en cambio existen personas que dicen haberlo derrotado y muestran además las pruebas. Tal es el caso de un hombre que mostró con orgullo la flor que le arrebató al diablo, envuelta en una tela, hace más de treinta años, y relató a los gitanos que me transmitieron la anécdota lo siguiente.

La blanca flor había brotado bien arriba, en la última rama del medio. Al instante, apareció el diablo, con su capa negra y vestido, con cuernos y horribles ojos. Pretendió asustarme así, pero no lo logró y fue tomando distintas formas, con las que tuve que luchar antes de tomar la flor: dragón, ser piente, águilas gigantes, dragones voladores. Finalmente los vencí a todos y entonces pude poseer la flor y hacer un trato con él. Le propuse que, mientras tuviese la flor en mi poder nunca me faltaría el dinero, y aceptó. No tuvo otro remedio, le había ganado y podía pedir lo que se me antojase.

No todos tienen la suerte de ver la flor y ésta no siempre brota. Esto ocurre solo a quienes están destinados. Pero es de seguro que si se visita la higuera a las doce de la noche y llega a salir la flor, en forma simultánea aparecerá el diablo para protegerla y allí hay que vérselas luego con él.

He escuchado también el comentario sobre otro hombre. Moribundo y presto el demonio para llevárselo, le propuso jugar al truco. Si ganaba el mal, podría llevárselo. Si ganaba el moribundo, seguiría viviendo. No sólo le ganó al diablo sino que también confesó que le había hecho algunas trampas en el juego y así pudo vivir para contarlo.

Hasta hace poco, el diablo era un personaje tan espantoso que solo hablar de él o nombrarlo producía miedo a grandes y chicos por igual. El diablo estaba relacionado con todo lo malo, sobrenatural y desconocido. El "bi-urro" (el "no puro" o el "impuro") daba motivos para que al escuchar hablar de él, las madres tirasen de la oreja a sus niños diciendo: *Que tus oídos sean sordos.* A veces también los adultos se tiraban de la oreja -tal como un cristiano se haría la señal de la cruz-, en especial las mujeres embarazadas. Por todo esto, se evitaba -y aún se evita- pronunciar tal nombre.

2

Angeles, duendes, gnomos y diablillos

Hay, entre los gitanos,
tres genios declarados:
Melalí, Quesalí y Pravalí (Mugre,
Tierra y Viento).
Por eso, a los recién nacidos
se les suelen dar tres nombres.

os "usutoris" son una congregación compuesta por ángeles, santos, vírgenes y demonios, todos entes espirituales, dirigidos por Dios, quienes según los gitanos, son los encargados de deliberar sobre el destino y la suerte de los recién nacidos y de enlazar la vida de cualquier ser humano a un elemento que sólo ellos conocen. Asimismo, "atan" su suerte a cualquier otra cosa material.

La tarea de descubrir estos secretos no es fácil; los usutoris usan todos los medios para despistar a los humanos y que ellos no puedan encontrar el secreto de su inmortalidad. Por ello, los gitanos dicen que nadie sabe dónde está o de dónde puede venir su buena ventura. Puede estar en un insignificante pedazo de tela, en un clavo, en un vestido, o en alguna casa o ciudad esperándolo. De allí que piensen que hay casas y ciudades con suerte o con "yeta", destinadas a que a uno le pasen en ellas cosas buenas o malas (alguna malvada vecina puede venir a pedirnos sal, azúcar, aceite o vinagre, pensando que nuestra buena suerte puede estar en alguna de estas especies y sacárnosla).

Los usutoris predestinan además cuántos años se vivirá y en qué fecha, lugar y hora se morirá; si la persona será rica o pobre; a qué edad se casará y/o encontrará el amor de su vida, dónde, cuándo y cómo ocurrirá, etcétera. Sólo ellos dirigen y saben todas estas cosas. Conocen el entrelazamiento de los hechos: que la persona haga tal cosa y le pase tal otra, o que al encontrar o encontrarse con tal elemento o persona, la suerte de un individuo cambie.

Una tradicional historia cuenta que, luego de dar a luz un niño y sufrir los dolores del parto, una mujer gitana se quedó semidormida y escuchó cómo el viento traía las voces de los usutoris, que discutían entre sí por la vida del bebé. Una virgen imploró piedad por el recién nacido, que se le diera al menos una posibilidad de vivir. Finalmente los usutoris decretaron que "atarían" su vida a un carbón que se estaba quemando dentro de la carpa. El niño tendría vida mientras el carbón durara; cuando el carbón se terminara de quemar, moriría conjuntamente el niño. La madre escuchó esto, se levantó inmediatamente, apagó el carbón con agua, lo untó con cera virgen y lo guardó en un colchón de plumas. Mientras el carbón se conservó así, el niño, que se convirtió en un hombre afortunado, se casó, tuvo hijos y mucho dinero. Pero su madre cayó gravemente enferma y decidió revelarle el secreto a su nuera, la esposa de su hijo, antes de morir.

Pasó el tiempo y un día la mujer, ya cansada de las frecuentes discusiones y peleas con su marido, decidió terminar con él, encendiendo el carbón que "contenía" su vida. Cuentan que, mientras el carbón se quemaba, el hombre sufría y se revolcaba por el suelo. Cuando el carbón se consumió, volviéndose ceniza, el hombre murió. No hubo médico que pudiese salvarlo.

Otra historia similar afirma que los usutoris decidieron ligar la vida de otro niño a la espuma de la sopa. Para mantenerlo a salvo, su madre debía juntar la sopa despacio con una cuchara y guardarla bien, cuidando de no derramarla, o directamente no cocinar sopa. No se sabe a ciencia cierta cómo terminó esta historia.

Los gnomos y duendes también tienen sus anécdotas y supersticiones dentro de la historia gitana. Estos esquivos seres son buscados por su fama de guardadores de tesoros, para que revelen algún escondite. Si se logra sacarles su sombrero (lo cual constituye toda una hazaña) se los podrá dominar, pedirles y preguntarles lo que se desee saber.

Un hombre gitano a quien se le rompió su auto en pleno campo, de repente vio un gnomo, se acordó de la creencia y se apresuró a correrlo para quitarle el sombrero. A medida que el hombre lo corría, el gnomo iba aumentando de tamaño, hasta que -en pocos segundos- se convirtió en un gigante ante sus ojos y tuvo que desistir en su intento de ser conducido por los gnomos hacia un lugar donde estuviese enterrado un tesoro.

La señora D. T. -quien hoy en día tiene unos sesenta y tres años- me ha contado que, siendo ella joven, dos seres de no más de un metro de estatura, con caras avejentadas, barba, sombrero y largas orejas, venían hacia ella mientras estaba descansando bajo un árbol. D.T. se asustó mucho y echó a correr, pues parecían venir dispuestos a llevársela.

Estos diablillos son "chubarís": "guardadores", "cuidadores", especialmente de tesoros ocultos y jurados. Según la creencia de los gitanos, estos tesoros sólo los puede desenterrar quien esté destinado. La persona en cuestión verá salir de la tierra una llama roja y verde que le indicará dónde está enterrado el tesoro. Mientras esté cavando, vendrán horribles apariciones de todo tipo, para probar el coraje del individuo o hacerlo desistir de su trabajo. Por ello se aconseja, antes de empezar a cavar, tomar un cordero y cortarle la cabeza sobre el lugar, para que caiga la sangre y los "chubarís" la reciban como una ofrenda, ya que por tratarse de plata maldita, debe pagarse con una cabeza y sangre. Luego es conveniente, cuando se haya cavado un poco, tirar dentro del pozo una moneda de oro, en lo posible una lira, para pagarles de alguna manera.

Sólo siguiendo estos pasos será posible desenterrar el tesoro, pero hay que tener cuidado de no decir mala palabra alguna ni ningún insulto, o hacer alguna necesidad fisiológica. Si se hiciera alguna de estas cosas en ese momento, el tesoro se escaparía de las manos y volvería a enterrarse, e incluso, sería posible que se fuera mucho más abajo aún.

Aunque los gnomos y duendes son perseguidos por los dones que proporcionan, es posible también que molesten a los habitantes de una casa. En estos casos, se recomienda ir por un sacerdote y pedirle que ore, bendiga y rocíe la casa con agua bendita durante nueve días. Pero también se dice que, cuando una casa está habitada por duendes o gnomos, es porque allí hay un tesoro oculto que ellos están custodiando.

Según la creencia gitana, cada persona tiene su chubarí, el cual puede asumir y presentarse de distintas formas, entre ellas, una víbora. Los seres humanos no sabemos quién puede ser, qué forma puede tener o por qué los usutoris han designado para nosotros determinado chubarí.

Cuenta una historia que se hizo popular y data de seis generaciones hasta llegar a la nuestra -el abuelo de mi abuela materna presenció este fenómeno: que una pequeña víbora se ocultaba en la "sheaga" (pequeño cofre debajo de la carreta, donde se guardaban huevos, grasa, carne de cerdo, etcétera). La víbora, blanca como la nieve, llegó allí siendo infante y allí se hizo adulta; reposando en un frasco grande de grasa de cerdo derretida, que le servía de alimento y refugio, alcanzó un metro de largo.

Generalmente a la hora de comer aparecía debajo de la mesita que servía de apoyo a los gitanos ambulantes. Mi tatarabuelo se encargaba de alimentarla a escondidas, pues él solamente sabía de su existencia y la mantenía en secreto. Cuando terminaba de comer, la víbora volvía a enroscarse en su frasco-casita. Mi tatarabuelo se había encariñado con ella porque era doméstica, buena, jamás atacó a nadie y estuvo años conviviendo con los gitanos y cuidándolos. Cuando alguien intentaba robar, ella silbaba, todos se levantaban y los ladrones huían.

Por aquel tiempo la gitanería era gente muy pobre y errante, pero mientras la víbora estuvo con ellos, no les faltó el dinero ni la comida. Tenían, además, oro, carretas y caballos y todo les iba cada vez mejor. En una ocasión, intentaron robar los caballos; la viborita silbó varias veces y, al ver que nadie se levantaba, salió ella misma al encuentro de los ladrones, que huyeron al verla.

Todo iba viento en popa, pero un día de mucho calor, cuando los gitanos iban camino a otro pueblo, pararon a refrescarse en una laguna. Al parecer, por el agobiante calor, también bajó la viborita y allí se la olvidaron. Llegada la noche, cuando acamparon, mi tatarabuelo se acordó de ella pero era muy tarde para ir a buscarla hasta la laguna. Decidió ir por la mañana, a primera hora, pese a su desesperación.

Esa misma noche, los "gayé" (gente no gitana) se robaron todo: caballos, oro y dinero. Ya no estaba el chubarí que los cuidaba, que avisaba o salía directamente a defenderlos. Al día siguiente por la mañana, mi tatarabuelo volvió a buscarla, pero ya era tarde: había perdido su natural y más grande amuleto y a una gran amiga.

De vuelta, con tristeza en el alma, reunió a todos los gitanos y confesó: *Teníamos un chubarí y nadie más que yo lo sabía; una víbora que comía, bebía y vivía entre nosotros. Ahora la hemos perdido a ella y, junto con ella, toda nuestra suerte y fortuna. Hemos vuelto a ser pobres, como antes de tenerla. Ella era la suerte.* Poco tiempo pasó antes de que mi tatarabuelo perdiera también su vida terrenal.

CAPITULO

3

Las fiestas religiosas

-¿De quién es esa gran mesa?
-De los gitanos mayores.
Oh hijitos, oh señores.
Ahora, ay, sí, sí.

TRANDA GALBI
TAI SANE,
canción de autor anónimo

erdaderamente, la gitanería era muy devota de santos y vírgenes. Hasta hace pocos años, cuando los gitanos se regían más por la religión católica, los agasajaban, adoraban y les hacían toda clase de pedidos y promesas. Y aunque en la actualidad, la mayoría se haya volcado al evangelismo, todavía tenemos algunos gitanos que hacen el sacrificio de caminar descalzos durante todo un día de la semana, por cierto período de tiempo. Otros prometen no bañarse o peinarse ese día, o ir caminando de rodillas al altar del santo o virgen en la cual han depositado la fe o cortarse el cabello, todo a cambio de la salud de un ser querido.

Otro ritual que se ofrece por la vida o la salud de alguien en grave estado, consiste en festejar el día de la virgen María o de la virgen de Luján (también antiguamente se solía agasajar a San Jorge en su día, ahora la promesa se hace generalmente a las vírgenes ya descriptas), comúnmente el 8 de diciembre o 15 de agosto, días que por ser sagrados, no conviene bañarse, ni lavar ropa, ni mucho menos peinarse, ya que se cree que, si se lo hace, se les rayará la cara a las conmemoradas santas. Además, un día antes hay que prepararse para estar impecables para estas fechas, al igual que en el día de Pascuas.

El festejo del día de la Virgen comienza una jornada antes de la conmemoración, por la mañana, invitando a los que luego asistirán al convite. A la imagen de la Virgen se le encenderá una vela y pondrán a su lado licor y café, que los asistentes tomarán en honor a la virgencita y desearán suerte al organizador con su fiesta. Este día se denomina

"Chinesara".

Al día siguiente, al mediodía, tendrá que estar todo servido y preparado. La virgen, con su velita encendida, reinará en el centro de la mesa, la cual estará decorada con claveles blancos y habrá ensaladas de diversas clases y un cordero -que en esta fiesta, es primordial-, para que la gente coma como ofrenda a la virgen. Se dispondrá, también, un "colaco" (torta borracha) que debe cortarse porciones con la mano y ofrecer a los demás. Nunca deben usarse cubiertos para no lastimar a la virgen.

Antes de empezar a comer, se agradecerá a Dios y a la Virgen por lo concedido y se ofrecerá la fiesta en su honor. Un hombre pasará un sahumerio de incienso alrededor de la mesa y, luego de esto, se podrá comer -sin cubiertos- y tomar tanto bebidas alcohólicas como gaseosas. Este festejo, por representar el cumplimiento de una promesa, puede repetirse de por vida, por determinado tiempo, o en el caso de un niño, hasta que alcance cierta edad, según lo convenido.

El pago de los costos de estos festines, tal como ocurre con los que se realizan en honor de los difuntos, no debe provenir de préstamo, ni ser dinero juntado por las adivinanzas, sino que debe salir del sacrificio personal y la honra. Por ello, para la ceremonia de alabar a la Virgen se trabaja arduamente. Mucho tiempo antes se empieza a ahorrar dinero, ya que la fiesta hoy en día, incluye música tocada por una buena orquesta.

Una vez que termina la fiesta, se puede llevar comida al hogar, con la condición que no se tiren los sobrantes en cualquier lugar, sino en un sitio limpio, donde nadie pise. Dicha comida está bendecida por la Virgen y sería, además, una gran falta dárselas a los perros.

Poema para la Virgen

Imponente personalidad posees.
Rosa de fulgor juvenil.
Emanas positivo centellar,
a tu alrededor giran luces.
Nacida por don de Dios
eres angelical virgen protectora.

Perla Migueli

Pude presenciar hace algunos años, una fiesta de gitanos "boias" -procedentes de Rumania-, en honor a una virgen que, según descubrí en ese momento, se trataba de la diosa de la Macumba. Los ritos de los "boias" difieren en algunas cosas de los nuestros. En aquella oportunidad, habían armado una mesa con manteles en el suelo; sobre ella había comida y una estatua de la virgen la presidía. Observé que, luego de pasarse unos a otros una botella de whisky, la cual previamente habían sahumado y de la que todos debían tomar un sorbo, prendían una vela de cera, que ellos mismos al parecer habían construido. A continuación, cortaban por la mitad un pan dulce grande, también de elaboración propia, y luego de besarlo y ofrecérselo a la Reina y virgen del Mar, repartían a todos un pedacito. Terminado el ritual, los hombres gitanos regalan las flores de la mesa a las mujeres.

Otra fiesta religiosa, importante para los gitanos, es el bautismo de los niños, el cual hasta hace aproximadamente una década se realizaba en una iglesia católica. Era tanta la devoción hacia el templo, que si alguien estaba en desacuerdo o desconfiaba de alguna persona, debía lograr que esa persona fuera antes a la iglesia, a jurar con una vela en la mano, negando o afirmando algo bajo maldición. Se elegían los padrinos -que podían ser "gayé" (gente no gitana)-, a los cuales había que obsequiarles una camisa y un corte de tela, para el padrino y la madrina, respectivamente. Ambas prendas debían ser nuevas, sin uso. De igual modo, el padrino debía comprarle al niño tres metros de tela y alguna ropita.

Ser compadre de alguien se convertía en un juramento sagrado, de respeto, responsabilidad y sinceridad. Los compadres y aun sus familias, debían respetarse mutuamente, en todo sentido de la palabra, desde no mentirse, ni decir malas palabras unos delante de otros, hasta no tener relaciones amorosas entre sí.

Cuando llega el momento del bautismo, antes de partir para la iglesia, los padres deben cumplir con un pequeño rito que consiste en poner al niño sobre un colchoncito, con su ropa nueva puesta, obsequiada por el padrino, como la tela, a la cual se le habrá atado a sus cuatro vértices cuatro cintitas de distintos colores: rojo, amarillo, verde y blanco. Así preparada, la tela se llama "crisma" y con ella se envuelve al niño. Se comenta que, cuando el ahijado y el padrino partan de este mundo, esta tela podrá servir para rescatarse el uno al otro del abismo, si alguno de los dos cayere en él. Cuando el niño crezca, con ella se le podrá confeccionar un vestidito, usarlo y luego guardarlo como un sagrado recuerdo. La ropita que se le regala es para que la criatura nunca esté desnuda, le falte la ropa o tenga problemas con el vestuario y siempre esté bien vestido en esta tierra. Esto es simbólico: el padrino da lo que al niño nunca le faltará. Al levantar al bebé, el padrino o la madrina debe dejar debajo del colchón alguna ofrenda en dinero para la criatura, que con ella se le comprará algo que le haga falta. Los gitanos tiraban monedas de oro que la madre del niño se las guardaba para cuando creciera, como un santo y buen recuerdo. Luego de levantar al niño, los demás cantan y aplauden de alegría y, con él en brazos, se marcha a la iglesia y se lo bautiza. De regreso, se reparten caramelos entre los niños y se efectúa una fiesta, en la que la madrina recibe junto con el padrino los regalos que les corresponden.

Crónica
de la Fiesta de la Virgen (*)

La comunidad gitana tandilense festejó el pasado 8 de diciembre, el día de la virgen de la Inmaculada Concepción. Esta fiesta llamada "eslava" (o promesa de festejar todos los años esta fecha por agradecimiento por salud o por salvar una vida, a la virgen), en este caso se dio por la salud de un niño de seis años, dueño de la carpa donde su padre llevó a cabo la celebración.

Junto a mi madre y hermanos asistí a la fiesta, invitada por el dueño de la casa. Llegué a las doce horas aproximadamente, la música tocaba y eran pocas las mujeres y niñas que se animaban a bailar tan temprano; la orquesta habría comenzado a tocar alrededor de las once horas. Algunas mujeres y muy pocos hombres estaban ayudando a preparar todo para poner la mesa. Y en esta oportunidad se sirvieron lechones, corderos (el cordero, por tradición, infaltable en estas fiestas), diversas ensaladas, pan casero y una torta de diez kilos, riquísima, de la que no quedaron ni las migas, en cambio la comida quedó casi sin tocar, pues muchos gitanos que debían estar presentes, debieron viajar de urgencia hacia Campana por una ancianita que se encuentra en estado de gravedad.

A un costado en otra mesa, permaneció desde la mañana hasta última hora un cuadro de la virgen junto a dos velas y dos botellas, una de licor y otra de coñac, como ofenda para la Inmaculada.

Un fotógrafo "gayó" se encargó de sacarles fotografías, y terminado su trabajo, se retiró temprano, luego de comer. Se comió en un clima de tranquilidad, con pocas personas al principio; luego sí fue el gran baile y allí se fue sumando gente no gitana, vecinos y curiosos que llenaron el lugar y también participaron. Así, al aire libre, entre vasos de chop que iban y venían, se bailó hasta las 17 horas, momento en que se despedía la orquesta, para luego seguir tocando dos horas más, tras ser contratada en el momento por un gitano porteño, quien viajó desde Buenos Aires para presenciar esta celebración y que abonó además, de su bolsillo, los treinta litros de chop que se mandaron a buscar luego de terminar los cien primeros. Al terminarse los treinta, otros mandaron a traer alrededor de diez cervezas más, buscando así aliviar el agobiante calor que hacía ese día. A las 19 horas, la orquesta terminó de tocar y la mayoría de los pocos invitados que habíamos, nos retiramos a nuestros hogares, esperando que haya otra fiesta parecida para bailar, beber y divertirnos otra vez y en familia.

(*) Esta crónica fue publicada por la autora en el semanario *El Espejo*, de la ciudad de Tandil, Pcia. de Buenos Aires, Argentina, en 1992.

CAPITULO
4

Los gitanos y la suerte

Dame compadre, ay, tu fortuna.
Dame compadre, tu fortuna, ay.
Ay, no preciso tu dinero.
Oye, compadre,
necesito tu gracia hoy, ay sí.

LE QUIRBÉ,
canción
de autor anónimo

la suerte, esa aliada en la cual -en menor o mayor grado- todos creemos, los gitanos le dan gran importancia en los hechos y sucesos de la vida. Son tantas las cosas que dan o quitan suerte entre los gitanos, que podemos decir que su filosofía toda está basada en la buena y la mala suerte. O en que les vaya bien y evitar el mal.

Para cada cosa y hecho de la vida tienen una creencia y una superstición. La buena y la mala ventura, de la que parece imposible desligar a los gitanos, se cuestiona en cada caso y situación. Incluso, lo racional queda supeditado a lo primero. En sus cuentos tradicionales se habla de la buena y la mala suerte, de las personas que poseen una o la otra y de la diferencia entre ellas. Hasta tienen una leyenda con respecto a la suerte, que asegura que ella prefiere los hogares donde reina la paz y la comunión, ya que no puede permanecer en lugares impuros. En un ambiente donde hay peleas, insultos y, sobre todo, donde se dicen malas palabras, la suerte se escapa; no puede permanecer allí dentro.

Según la fábula, había dos vecinos en un pequeño pueblo. Uno prosperaba en gran manera y todo lo que emprendía daba buenos frutos. En su casa reinaba el amor y la armonía familiar. Por ello, el espíritu de la buena ventura estaba con él y le ayudaba en todas sus empresas. Al vecino de al lado las cosas le marchaban cada vez peor: sólo discordia y disenso familiar había en su casa. Un día, cansado de tantos infortunios, gritó preguntándose dónde estaba su propia suerte y por qué no la tenía consigo. Entonces, escuchó unos gemidos de llanto que venían del exterior, salió a mirar y vio a un personaje de blanco, muy bello, llorando sobre un yuyo. Conmovido, preguntó:

- *¿Eres tú, espíritu de suerte?*

- *Sí, soy yo, tu suerte*, respondió el personaje de blanco.

- *¿Y por qué estás llorando aquí, sobre este yuyo seco, en vez de venir, entrar a casa y acompañarme a todos lados, como una amiga fiel?*

- *¿Por qué? Porque tu mujer me insulta todos los días; cuando maldice y ofende tu suerte, me está echando a mí. Y, aunque a veces quiero entrar a tu hogar, no puedo. Viven todo el tiempo corriéndome, entonces prefiero quedarme aquí, afuera, llorando sobre un yuyo, que ir con ustedes.*

La suerte de una casa o persona puede estar escondida en cualquier lugar. En la sal y el aceite, entre otras especias, ésos son los lugares donde es más probable que pueda estar escondida la bendición de un hogar. Si una persona recibe sal de obsequio, para que la suerte no se esfume y pueda llevársela a su casa, debe apretarla muy bien en su puño y no abrir la mano, de modo que nadie la vea. Así, además, la suerte no tendrá oportunidad de escaparse.

Curiosamente, la superstición con respecto a la ventura gira siempre en torno de la mujer, sobre todo la casada, en lo que debe hacer o dejar de hacer para atraer la suerte buena y evitar la mala. Habitualmente son más las prohibiciones, cuando se trata del proceder humano. Los gitanos creen que, tanto la buena como la mala suerte, el prosperar o la desgracia, puede venir o traerlo como medio alguna persona. Creen, en general, que "la borí" (una nueva nuera), puede traer consigo buena o mala suerte. Según el caso, es tildada de "bastalí" (de tener buena fortuna) o "bi-bastalí" (de-

Entre los gitanos,
las supersticiones respecto
de la suerte giran
siempre en torno
a la figura de la mujer,
especialmente de la casada.

safortunada); de ser una persona de buen hado y traerlo, o todo lo contrario, de llevarles el infortunio al hogar.

A veces, cualquier objeto es tenido por "enyetado". Asimismo, los gitanos conocen talismanes y amuletos naturales para encontrar el éxito y poseerlo.

Cuando se inauguraba una carpa, se colgaba del palo mayor un collar hecho con hilo dorado y monedas de oro, para seducir al hado. Era una expresión del deseo de prosperidad y abundancia. Una buena costumbre, que llegó hasta nuestros días, es bendecir las prendas nuevas y a la persona, cuando las luzca, diciendo: "Piráb sastimasa, bastiaza, le gada (ropa) o chocolia (en el caso que sean zapatos), te shindion, tú te trais hai te phurios". En castellano traducimos: *Usalo con salud, con suerte; la ropa o los zapatos que se rompan, pero tú que vivas y envejezcas.*

En el caso de bendecir autos nuevos o casas, se desea "Te abeltuque bastaló": *Que te sea con suerte o que tengas suerte con...* (tu casa, auto o año nuevo, también cuando un año comienza, se emplea esta frase). Igualmente, en Navidad o Fin de Año, si se va de visita o a saludar a parientes o conocidos, lo ideal es no ir con las manos vacías, sino llevar algún obsequio comestible. De igual modo, si se manda a una casa un plato con comida, lo justo y conveniente es que no lo devuelvan vacío, sino con algún alimento. Para tener un nuevo período de abundancia, hay que poner una sidra y un pan dulce debajo el árbol de Navidad, hasta que terminen las fiestas. Y lo mejor es cambiar el arbolito cada siete años.

Volviendo al tema de los amuletos y talismanes, los métodos para conseguir la buena fortuna a través de ellos son varios, creados con sencillez y al alcance de cualquiera. Los gitanos, con su milenaria sabiduría, se han volcado a los recursos conectados con la naturaleza; esto convierte sus talismanes en objetos creíbles y mágicos. Recurren a lo que es poco usual, un animalito puro e inocente, como un pajarito o una rana, o cosas más sencillas, como una moneda o migas de pan.

Lo mágico y sobrenatural siempre estuvo ligado al pueblo gitano. Su paso por el mundo no fue en vano, por muchos pueblos y países anduvieron y es seguro que de todos alguna cosa aprendieron. Sus cábalas son muy distintas de las que se anuncian en las revistas, pues no se trata de algo que se pueda comprar o conseguir en una santería, sino de talismanes naturales, y como los gitanos siempre estuvieron en contacto con la naturaleza, para ellos son absolutamente confiables. Son cosas que no se consiguen con dinero, sino con esfuerzo y perseverancia, y a las que hay que buscar, encontrar y ganárselas, como en los cuentos gitanos, para procurarse la fortuna y el éxito.

El trébol de cuatro hojas

La mayoría de la gente habrá escuchado de la virtud del trébol para atraer la suerte; saben que tiene que tener cuatro hojas y que es difícil hallarlo. Pero no muchos saben cuál es el verdadero trébol que da esta virtud. Eso lo saben los gitanos, quienes cuentan que se trata de un trébol de cuatro hojas, y las cuatro tienen unos puntitos de color negro que crecen, a veces como corazoncitos, otras como pequeños repollitos o picas (estos últimos se desarrollan en los tréboles más grandes).

Quien encuentre un trébol de esta clase, debe arrancarlo y ponérselo debajo de la lengua durante todo un día, hasta que caiga el sol; luego colocarlo dentro de un billete doblado de cualquier valor y guardarlo como un poderoso secreto que atrae la suerte y el dinero. Es conveniente no comer nada ese día, permanecer con el cuerpo puro. De igual modo aconsejo, antes de empezar cualquier rito, defumar el ambiente y limpiarse a sí mismo de cualquier mala onda, con los métodos que expondré más adelante.

Si se tiene la especial oportunidad de ver al trébol de la virtud en la boca de un reptil, hay que apresurarse a sacárselo, pues es tal el poder que tiene en este caso el talismán que parece poseer el secreto de devolver la vida a los muertos. La anécdota es ésta: Cuando los gitanos vivían en campamentos, de tanto en tanto sufrían inundaciones, por las fuertes lluvias. Una vez, el agua trajo una serpiente y los gitanos, como es lógico, la mataron machacándole la cabeza. Al rato, apareció otra serpiente, al parecer el macho; trajo en su boca un trébol y lo apoyó sobre la hembra muerta, quien resucitó al instante. Cuando la más vieja y sabia de las gitanas corrió a arrebatarles el vegetal con la virtud de devolver la vida, ambos reptiles se apresuraron a desaparecer.

No es de extrañarse que la serpiente, que fue la culpable de que el hombre perdiera la vida eterna, sepa dónde está y cuál es el árbol de la vida. Quizá los secretos que sepan los animales sean inaccesibles para nosotros, los humanos. Los gitanos, al estar alejados del mundo y en contacto con la naturaleza, y aun por sus propias creencias, siempre fueron espectadores y, a veces, partícipes de muchos actos y sucesos sobrenaturales.

La mujer que intentó arrebatarles el trébol a los reptiles -aún vive y está lúcida- fue ganadora en su tiempo del premio mayor de la lotería, gracias a la mariposa que llegó hasta su carpa y se posó en su hombro: el insecto volador llevaba dibujado en sus alas el número de la fortuna que sacaría a la sabia gitana y a sus cuatro amigas "gayé" (no gitanas) de la miseria para siempre. La gitana, luego de comprar el billete, le había regalado una fracción a cada una de sus amigas. Cinco vidas cambiadas para bien, gracias a una mariposa.

Volviendo al tema del verdadero trébol de la virtud, otra boca donde podríamos hallar el vegetal es la de la tortuga. Convengamos en que es cosa muy difícil de hallar. Pero los astutos gitanos han ideado la forma de lograr que la tortuga vaya por el trébol mágico y así, quitárselo. Para ello hay que hacer lo siguiente: juntar una tortuga macho y una hembra. Cuando tengan cría, separar a la madre de los hijos, pared mediante, o encerrar la cría en un baúl con candado. La tortuga madre tratará por todos los medios de llegar a sus pequeños y, al no lograrlo normalmente, irá a buscar la ayuda del vegetal mágico. Hará un viaje de seis días: tres días tardará en llegar al lugar y tres en volver. De regreso, traerá en su boquita el trébol de cuatro hojas. Ese es, justamente, el verdadero y está dotado de grandes poderes. Ella intentará apoyarlo sobre la pared, para derribarla, o sobre el candado, para abrirlo y encontrarse nuevamente con sus hijitos. Logrado eso, tragará el vegetal. Esto último no hay que permitírselo de ninguna manera: hay que apresurarse y sacarle a la tortuga el trébol de la boca. Luego, hay que cortar rápidamente la piel, de cualquiera de las muñecas, de la mano, del lado de la palma, y colocar el vegetal debajo de la piel; la cortadura cicatrizará al instante.

Se comenta popularmente que el ser humano que logra llevar a cabo esto, no sólo obtendrá suerte en el amor y el dinero y en todo lo que emprenda, sino que poseerá además grandes poderes y virtudes. Este amuleto natural posibilita que no haya puerta, candado u obstáculo alguno que no se abra, si se lo toca con la mano inyectada con el trébol. Pero todo esto debe mantenerse en absoluto secreto; el poseedor de ese tesoro no debe decir nunca a nadie nada al respecto; ese poderoso secreto quedará en la sangre de la persona para siempre y podrá así realizar grandes hazañas. En cuanto a la tortuguita, una vez que se logre con ella lo deseado, hay que dejarla en algún pastizal; ella, por sí sola, no da suerte, sino todo lo contrario.

Con respecto al trébol de fantasía, el simple, que no posee grandes virtudes, pero que es más fácil de conseguir, por ejemplo en un vivero, también nos puede servir de ayuda. Se lo pone en una bolsita roja cosida a mano y se le agrega una monedita de cualquier valor, un poco de azúcar y algunas miguitas de pan; luego, se piden tres deseos y se cose la bolsita que se lleva prendida del corpiño, del lado del corazón, o en la cartera o el bolsillo. Todo es simbólico: el trébol para llamar a la suerte; el rojo, como se sabe, contra la envidia; y el azúcar para endulzar a las personas y las situaciones; el pan para que no falte (también se le puede agregar algún yuyo, como ruda o romero).

Talismanes para la buena suerte

Otro talismán para que el hado nos sea favorable, y en el cual podemos confiar porque nuevamente se trata de algo natural, es una rana muerta que haya echado gusanos (algo fuera de lo común). Si tenemos la suerte de encontrarla, hay que tomarla, envolverla en un trapo y guardarla muy bien (los gitanos solían hacerlo en el baúl, lugar donde guardaban casi todas las cosas esotéricas). No hay que decir nada a nadie de esto. La persona que tome ese animalito como talismán sufrirá durante tres días diversos problemas y dificultades; será probada por ese lapso antes de que el amuleto actúe.

Un animalito que puede proporcionarnos la suerte es el picaflor. Hay que cazarlo tirándole agua y, una vez muerto, embalsamarlo en cera virgen y guardarlo adentro del colchón de pluma personal o en el baúl. Atraerá suerte, dinero y amor. También, hay que pedir tres deseos, como con la bolsita roja. Quien realice el método del picaflor debe callar y no decir nada a nadie.

Los gitanos hablan, también, de la ayuda de la piedra imán para proporcionar suerte y fortuna, pues a medida que crezca la piedra, crecerán estos dos bienes. Pero hay que tener cuidado de que la piedra no se muera, pues puede traer desgracia al hogar. En caso de que ocurra, hay que tirarla a un arroyo o al mar -lo importante es que el agua corra- y pedir perdón por nuestro descuido, excusándonos: *Nada sabemos, que nada malo nos venga.* ("Canchi chi yanas, canchí te na abel mengue").

Signos que anuncian
un golpe de fortuna

● La mosca que ronda a nuestro lado o alrededor nuestro, sobre todo cerca de nuestros oídos, es nuestra suerte que quiere que le prestemos atención. La mosca encantada tiene dos antenitas, así la identificamos.

● Nacer con un mechón de pelo blanco significa que en su momento se será célebre, sobre todo si el mechón forma una coronilla en el centro de la cabeza.

● Si chillan los oídos, nuestra suerte está llamándonos.

● Cuando se inaugura una casa, si se quiere tener alegría y bendición, hay que arrojar vino para arriba, hacia el techo, mientras se está brindando.

● Si se tiene la suerte de ser picado por una abeja reina, además de sanar de muchas enfermedades, se obtendrá éxito en los negocios. En realidad, para los gitanos, cualquier abejita es de buena suerte; además, por tratarse de un animalito puro e inocente, conviene no matarla.

Para prosperar en los negocios

● Colocar en la puerta de entrada de una casa o negocio un pedazo de panceta con una tira roja aleja la envidia y la pobreza y atrae el dinero y los negocios.

● Cuando los negocios andan mal, es efectivo pedir ayuda a los difuntos y/o llevarles flores o hacerles la promesa de ir caminando hasta el cementerio, entre otras. También, se les suele pedir suerte en el azar y apostar al número del nicho, fecha de nacimiento o muerte del familiar.

● Otra forma de obtener dinero es quemar en la cocina cáscaras de limón y ajo.

Rituales para vender un auto "enyetado"

Es sabido que buena parte de los gitanos se dedican a la venta de automóviles usados. Cuando los autos se ponen duros de venderse se cree que es porque están "enyetados". Estos son algunos de los recursos esotéricos de los gitanos para comercializarlos.

● Preparar un sahumerio y dar una vuelta al auto con él. Después, rociar el auto con azúcar.

● Poner sobre las gomas un trapo rojo y golpearlas para que salga el mal.

● Cortar un limón por la mitad, ponerle azúcar y colocar ambas partes entre los asientos.

● Dar una vuelta alrededor del cementerio con el automóvil.

Los sueños y la suerte

Las revelaciones durante el sueño se cumplen: los familiares fallecidos se acuerdan de revelarles números a los seres queridos, para salvarlos de situaciones extremas. Tal fue el caso, hace algo menos de un año de mi hermano, que soñó que mi abuela paterna le decía que jugara el 811. Mi hermano sólo tenía doscientos pesos ese día en el bolsillo. Se levantó con la idea de apostar a las tres cifras: cien pesos a la Lotería Nacional y cien a la Provincial. Iba a jugar, cuando un cliente lo entretuvo; entre las tareas del día se pasó la hora y, cuando se desocupó, ya era tarde: las apuestas habían cerrado. A las 17 horas, aproximadamente, nos enteramos de que habíamos perdido cien mil pesos por no jugarle. El número soñado por mi hermano y dictado por mi fallecida abuela había salido "a la cabeza", y no sólo en la Lotería Nacional, sino también en Provincia, las tres cifras. Cosa de no creer, pero mi finada abuela le había mandado esa bendición para que saliéramos de las cuentas que nos agobiaban. Lo que ocurrió es que mi hermano no lo supo aprovechar.

Días especiales

Dentro de la cultura gitana, hay días que guardan su propia superstición. Según un cuento gitano tradicional, los siete días de la semana son siete hermanos gigantes, uno más malo que el otro, y Domingo el más dócil de ellos. También, tienen sus nombres propios en el lenguaje gitano y son los siguientes:

Sábado: Sabatuné.
Domingo: Curcó (que significa "una semana").
Lunes: Luné.
Martes: Marchiné.
Miércoles: Mierculé.
Jueves: Juité.
Viernes: Parastuí (que significa "día" o "semana santa").

Antiguamente se decía que el viernes no era propicio para salir a trabajar: el pan en las panaderías estaba duro, no se elaboraba ni se vendía al público y esto ocasionaba que ningún trabajo diera fruto. Hoy, muy escasas veces se piensa eso a la hora de hacer labores.

Si se deseaba hacer una promesa por la salud o la vida de alguien, la "Parastuí" era el día ideal para tal sacrificio: no se debía comer nada de carne, ni alimento graso alguno, sino sólo verduras;

esta promesa se hacía por un largo período, que se podía prolongar por años.

Según la leyenda, las "Parastuí" son doce hermanas (los doce meses del año) y cada una gobierna un mes en especial; sólo se reúnen las doce una vez al año, en Semana Santa. Era tal la veneración de la Semana Santa, que se preparaban para recibirla haciendo dieta vegetariana, tres días antes y evitando consumir producto animal alguno, pues consideraban un gran pecado hacerlo. Hoy, la secta evangélica ha cambiado esos conceptos. Sin embargo, la mayoría de los gitanos durante el día de la muerte y pasión de Cristo se abstienen de comer carne, por simple tradición. En cambio, los gitanos "jgusos" (de Rusia) se preparan dos meses antes para recibir la Pascua, consumiendo sólo pescado y verduras, nada de carne, producto lácteo o animal alguno. Y cuando llega el domingo de Pascua, se encargan de pintar los huevos de gallina de color rosado y llevarlos a la iglesia a bendecir; a su vuelta, los espera una gran mesa repleta de manjares, y los huevos pintados y ya bendecidos reinan en el centro. A este banquete invitan a familiares y amigos, a los cuales obsequian un huevo por familia; los que queden los regalan casa por casa, entre sus parientes, para así dar y obtener bendición.

Los gitanos en general festejan Año Nuevo y Navidad como todo el mundo, con la única diferencia que le cuelgan al arbolito, además de todos los adornos, dinero en billetes de cualquier valor, para que no falte durante el resto del año.

En estos "guiesá bare" (grandes días) es conveniente no pelearse, ni llevarse mal con nadie, para evitar la mala "onda" y, sobre todo, las maldiciones de alguien hacia nosotros, que en esta fecha podrían tornarse mucho más poderosas. Esto mismo, que procuran en Navidad, también se aplica a Semana Santa.

Respecto del Año Nuevo, lo ideal es que éste no lo tome a uno durmiendo o mal vestido, con cuentas sin pagar o sin dinero, si no se quiere estar todo el año en la misma situación. A las doce en punto, conviene tener la mesa puesta, para que el año que comienza, representado por la mesa con comestibles, sea de abundancia; de lo contrario, se pueden pasar necesidades.

Otras fechas importantes para los gitanos son: el 15 de agosto y el 8 de diciembre, días en los que recuerdan a la Virgen.

5

Los gitanos y la adivinación

No todas las zíngaras saben leer el
futuro. Las mejores tarotistas son las
"jgusaicas", las gitanas de Rusia.
También son buenas las chilenas.

n cuanto a las artes adivinatorias, las gitanas aprenden por tradición oral a decir la buenaventura. Desde la adolescencia, empiezan a practicar esa ciencia, enseñada por tías, madres y abuelas y aprenden a leer las manos casi inconscientemente, como se aprende la lengua natal.

Esas artes se supone que provienen de Egipto, país de la magia y de todas las ciencias ocultistas y lugar donde los gitanos estuvieron cautivos por cuatrocientos años. Los adivinos y magos posteriores son sólo un plagio del oficio más antiguo de las gitanas, con que se ganaban la vida deambulando.

Hasta hace algunos años, cuando un campamento gitano llegaba a un pueblo, la gente hacía largas colas para "verse la suerte" y curarse de males de distinta índole, sobre todo cuando se lograba cierto prestigio en esos sortilegios. Los métodos a utilizar eran los de siempre: la adivinación por medio de las cartas y la bola de cristal, la quiromancia y el don gitano de discernir, a simple vista, la clase y calidad de las personas: si alguien tiene buen corazón o es malvado, si es inteligente o tonto, hasta si es rico materialmente o tiene posibilidades de serlo o si será siempre un pobretón. Todo esto puede saberlo un gitano, sin necesidad de emplear elemento alguno para tal clarividencia.

Aproximadamente un lustro atrás, se podían ver adivinas ambulantes ofreciendo sus servicios por las calles céntricas de la ciudad: por pocas monedas leían las manos y así podían manejar su propio dinero y contribuir también con el hogar. El dinero que cada gitana recogía por sus artimañas debía repartirlo obligatoriamente con el resto de sus com-

*Las mujeres zíngaras aprenden por
tradición oral a "decir la buenaventura"
y, en los tiempos de dificultades
económicas, son las encargadas de mantener
el hogar con su oficio.*

pañeras, cada parte por igual. La que se atrevía a esconder dinero de las demás, estaba condenada a padecer algún mal como castigo por la estafa. Otras veces, los consultantes abonaban con comestibles: cerdos, corderos y aves de distinto tipo.

Antiguamente, cuando se atravesaba por una mala situación económica, la mujer gitana era la encargada de mantener el hogar con su tradicional oficio. La pitonisa que conseguía un cliente era acreedora de halagos y envidias. Por ello, también tenían su recurso contra la mala "onda", sobre todo cuando no conseguían un consultante. Suponían que la envidia de otras zíngaras las "trababa"; entonces, por las calles mismas, daban vueltas piedras, ponían sobre ellas palos y cortaban pasto para revertir el mal. Otra ayuda era dar vuelta la "quisí" (bolsita donde se guardaban elementos para la adivinación, amuletos, cruces, cartas, estampas de santos, yuyos y hasta velas; iba prendida a la cintura por dos tiras y se usaba en un costado) o ponerle ruda y/o romero para espantar la envidia y cambiar la suerte.

Las "boeshichas" (gitanas emigrantes de Rumania) al parecer no conocen el arte de la lectura de manos; de hecho, nunca salieron a practicarlo. Pero todas las gitanas saben algo de ocultismo y tienen sus propias cábalas para distintos casos, que las demás desconocen.

La tirada de cartas y la lectura de manos se practicaban con más frecuencia que, por ejemplo, la bola de cristal. Los elementos que se utilizaban mientras se practicaba la quiromancia eran un vaso con agua, un crucifijo y un pañuelo de mano del individuo. Para bendecir a la persona, ésta debía tomar un poco de tierra a la que la adivina agregaba un poco de leche materna; luego el prepara-

Debido a la masiva adhesión
de los zíngaros a la iglesia evangelista,
ya no se ven tantas
gitanas leyendo las manos por las calles.

do se echaba sobre el dinero, para que sus empresas tuviesen fruto. En casos más complejos, se invitaba a la persona a la casa y se quemaban en su nombre grandes cirios que solían guardarse en un baúl para tal fin.

Muchos se preguntarán por qué ya no se ven gitanas diciendo la buenaventura por las calles. Y yo les respondo que por dos motivos: primero, la constante persecución y represión policíaca; y segundo y principal, la influencia de la secta evangélica -a la que muchos pertenecen hoy en día-, que les ha hecho creer que estas prácticas son diabólicas, logrando así que el noventa y cinco por ciento de las zíngaras abandonaran estas artes.

Las maldiciones

"Ashunma Debla, ashuna kama..."
(Escúchame Dios, escúchame sol...)
Con estas palabras comienzan
habitualmente las tan temidas
maldiciones gitanas.

os gitanos sienten gran temor de las brujerías y maldiciones. De continuo están en sus bocas. El catálogo de maldiciones gitanas es interminable, pues las tradicionales se mezclan con el ingenio de cada ser y su aplicación en cada caso. Podríamos decir que a partir de la cultura supersticiosa en la que se va formando el individuo, va creando sus propias maldiciones, la manera de maldecir a su antojo, también la forma de desear el bien con sus propias palabras.

La popular y temida maldición gitana, siempre utilizó el nombre de Dios para proferir castigo a los maldecidos. Hoy en día, este método es más que efectivo y en escaso tiempo se alegran los evangelistas de la venganza de su dios, que los apoya y escuda, los defiende a través de las maldiciones que ellos recitan en su nombre y se les cumplen. Aunque los gitanos lo nieguen, las terroríficas palabras que contienen sus maldiciones tienen poder. No es un miedo zonzo; basta con comprobar los nefastos casos reales que se producen en virtud de ellas.

Peor es cuando una madre maldice a sus hijos: porque al ser la madre algo único, se convierte en sagrado; por eso, su maldición es poderosa y, según los gitanos, se cumple indefectiblemente (si no, veamos qué les sucedió a las tres hermanas que desobedecieron a su madre y ella las maldijo, en el capítulo de las supersticiones sobre los animales). Peor es aún cuando la madre maldice, sacándose el pañuelo de la cabeza para tomarlo en la mano y levantarlo al cielo como pidiendo justicia a Dios. Por eso, un hijo que quiera librarse de la maldición materna, debe pedirle a la madre que lo perdone y le pase el pañuelo sobre su cabeza.

Aunque no tanto como la de la madre, la maldición del padre o de un tutor suele ser también muy fuerte. Antiguamente, los hombres ancianos se sacaban sus sombreros -y las mujeres, sus pañuelos- y a la salida del sol, con sombreros y pañuelos en la mano, llevaban a cabo rituales pidiendo al sol ser escuchados en su deseo de proferir el mal.

En síntesis, es peligrosa la maldición de una persona anciana, de los padres, padrinos y tutores; estos últimos es seguro que tienen más autoridad para maldecir que cualquier otra persona y es, entonces, más probable que el mal que nos deseen se cumpla, tanto como el bien. Entre los gitanos es muy importante recibir la oración, el ruego, la bendición de un anciano, hombre o mujer. No faltarán, seguramente, quienes busquen provocarla, llevándoles obsequios o atendiéndolos solícitamente; un anciano sabio y bueno, sin embargo, hará lo que es justo en estos casos, jurarle el bien y la salud en agradecimiento.

Ciertos gitanos, como los "boias" (emigrantes de Rumania), parecen saber ciencias ocultas que los demás gitanos desconocen. Se comenta, con cierto recelo o temor, que sus mujeres saben hacer toda clase de "farmichi" (brujerías). De hecho, podemos ver las celebraciones a Imanjá, su virgen y diosa de la Macumba, lo cual nos hace pensar que, además de los rituales gitanos comunes, practican la Umbanda o la Macumba, o que han copiado parte de sus fetiches.

Un individuo de este grupo me aseguró que basta con tomar una piedra y colocar en un papel, debajo de ella, escrito el nombre completo de la persona a dañar y en lo posible su fecha de nacimiento, junto con la hora y el día en que se hizo el hechizo y con qué fin, y expresarlo también en palabras, para que la persona se seque en vida, contraiga un cáncer o quede paralítica o loca.

Hablando de volver loca a una persona, ciertas gitanas me explicaron que el modo de lograrlo es conseguir una camisa o blusa del ser a dañar y atarla a un neumático de la parte trasera de cualquier automóvil, para que nadie la vea. La camisa representa el cuerpo de la persona; la rueda, su cabeza, que girará y girará hasta enloquecer, cada vez que el vehículo se traslade.

Para lograr que el marido vuelva o para terminar con la vida de alguien, se utilizan casi los mismos elementos, pero con distinto propósito. Se debe disponer de un número impar de diversas frutas, nueve perros negros recién nacidos y cuarenta y una velas negras -más siete moños negros, si se trata de problemas maritales-, con lo cual se harán secretos conjuros que no pueden ponerse en conocimiento de cualquiera. Estos elementos se arrojarán luego al mar.

Para ver a nuestro enemigo

Al tercer día de la luna llena y a las doce de la noche en punto, se debe colocar delante de nosotros una taza o palangana con agua y conjurar sobre ella: *En el nombre de Dios Todopoderoso, pido que se me aparezca la persona que me hizo o hace mal.*

Si inmediatamente no se forma la imagen en el agua, lo más probable es que se la sueñe; si esto no ocurre tampoco, hay que insistir tres lunas más, al cabo de las cuales, si no hay aparición ni sueño alguno, la persona puede estar tranquila de no tener dañante.

Si nosotros no tenemos poder para maldecir, pero deseamos vengarnos de un enemigo, basta con pedirle ayuda a un gitano, sobre todo si es anciano. Ellos sí tienen poder para maldecir a quien deseamos que le vaya mal; sus obras lo certifican.

Cuantas más personas se junten a maldecir a alguien, más rápido y peor le irá. De hecho, los perseguidores del pueblo gitano no duraron mucho, ya que todo el grupo de las víctimas, los gitanos perseguidos, vivía maldiciéndolos.

Las siguientes son algunas de las maldiciones gitanas más populares. En muchos casos, se maldice siempre la cabeza, porque es la parte más importante de la persona.

Te yal o chogumos pe quiro shoro.
Que vaya la pobreza
y todo lo malo sobre su cabeza.

Te yal pe quio shoro...
Que vaya por tu cabeza...
(puede decirse la "yeta", la desgracia, el luto
o la pobreza, lo que uno desee).

The jan le mule quiro shoro o quiro rat.
Que coman los muertos tu cabeza o tu sangre.

The ashel quiro shoro pusto.
Que quede tu cabeza tirada, abandonada.

The shuquiol quiro shoro.
Que tu cabeza se seque.

Thautu andel truzula.
Te pongo o entierro en el cementerio.

Te Deltu oh del castigo sode bal sima ando shoro
Que te dé Dios tanto castigo,
como pelos tengo en la cabeza.

Te mundareltu o Del.
Que Dios te mate.

Te paghol quio ilo.
Que tu corazón reviente.

Te jantu le querme.
Que te coman los gusanos.

Te pavos ando quetrano.
Que te quemes en el veneno, ácido.

Te shuquiol quiri coj o te asheltuque ande coj.
Que se te seque la garganta
o que te quede agarrado en la garganta.

Te perel e sib anda quiro mui
o te bilal quiri sib.
Que se te caiga la lengua de la boca
o que la lengua se te derrita.

Te patilpe sob son po sheran...
Hay te bariol char tela leste.
Que sufras durante seis meses en la cama...
y que pasto crezca debajo de ti.

Ande soste san te nama ancles.
Que en lo malo que te encuentres y nunca salgas.

Cana he brasca diquela bal pe
peste tu can diques...

Cuando la rana vea crecer pelos sobre sí, tú verás
...(puede decirse "suerte", "mujer", "hombre",
"salud" o "dinero", o cualquier otra cosa de la que
se quiera privar a la persona, como castigo).

Te del he desgracia, oh velorio,
pe quio shoro.

Que la desgracia y el velorio sean sobre tu cabeza.

Te yal ho luto, tay he martia pe tute.

Que sea el luto y la muerte sobre ti.

Te abeltuque arama tai quetrano.

Que te sea amargura y hiel, vinagrura.

Pe lesque baj, pe lesque changa.

Por suerte, por sus rodillas (algo malo,
que la persona estuviese haciendo o diciendo,
es una manera de revertir el daño).

CAPITULO

7

Los sueños y otras creencias

Para los gitanos, los sueños son
absolutamente proféticos.
Por eso, cuando sueñan algo
malo, prefieren no salir
de su casa ese día y suspenden
toda actividad.

os gitanos le atribuyen un significado premonitorio a los sueños. Estas son algunas de las creencias respecto de ellos.

● Soñar con dinero no es justamente un buen presagio; significa habladurías o algo vergonzoso y deshonesto que sale a la luz, que se hace público.

● Soñar con pescado nos anuncia que en un futuro cercano contraeremos una enfermedad que nos dará una gran fiebre. Con un río o grandes aguas, nos anuncia llanto.

● Las gallinas en sueños son fantasmas, y los gallos, al igual que la policía, simbolizan a los santos.

● Los piojos y las plumas en sueños son malas señales, sobre todo de pobreza. Nombrarlos durante la noche no es prudente; si se los nombra por cualquier motivo, hay que agregar "te yan la raquiazza": *Que corran con la noche.*

● Cuando se caigan los dientes en sueños, está cercana la muerte de un familiar.

● En cambio, soñar con carne es símbolo de buena suerte, mejor aún si es panceta de tocino, al igual que pan, manteca o cera.

Los malos sueños

Para evitar que se cumplan las pesadillas o los malos sueños, debe el soñador contárselos a algún árbol, poste de luz o cualquier otro palo de madera que esté en pie. Es la manera de congelarlos, de volverlos sordos como un palo, de que sólo él los escuche y allí queden los malos presagios y no lleguen a la persona o a su medio. Mi abuela materna solía decir-

Para evitar
que las pesadillas
o los malos sueños se cumplan,
el soñador debe
contárselos a un árbol
o un poste de luz.

me *Ve al palo, a la piedra y dile tu mal sueño, no me lo cuentes a mí,* y así procedo hasta hoy. Otro método consiste en cortar pasto con la mano, mientras se va relatando el sueño; al terminar de hacerlo, tomar un puñado de ese pasto y tirarlo hacia atrás sin voltearse para mirar, de modo que el mal quede depositado sobre él. Este método es más que efectivo y sirve, también, en el caso de sueños reiterados con muertos o malos espíritus. Otro recurso para no soñar feos sueños consiste en cambiar de lugar la cama y/o poner la cabecera a la inversa. Para evitar ese tipo de sueños, lo ideal es no poner los zapatos del lado de la cabeza.

Malos augurios

● El color negro, usado sobre todo por mujeres, trae luto al hogar, generalmente para la cabeza de la familia. Por eso, aun en los funerales se condiciona su uso.

● No es de buen augurio tener bajo techo un paraguas.

● Tampoco es positivo dejar los zapatos dados vuelta o el pan sobre la mesa.

● Dejar la escoba tirada, "baja" el ánimo.

● Antiguamente, estaba totalmente vedado barrer o dar sal y aceite del hogar a otras personas que lo pidiesen, a la caída del sol. Era una señal de que venían a hurtar lo positivo de esa casa (la carpa, en ese entonces).

● Cuando no se vende un auto, es porque está "mufado"; para espantar la mala onda, los gitanos orinan las gomas.

● Si al encender con carbón un cigarrillo se le adhiere una brasa, eso anuncia que vendrá visita desde lejos.

● Si se pone el cuchillo en el fuego, puede doler el corazón.

● Es malo alumbrar una casa con el reflejo de un espejo puesto al sol.

● Igualmente, la muchacha que lleva el cabello suelto es reprendida, pues sin quererlo está anunciándole la muerte al padre. Sólo en los velorios las viudas se sueltan el cabello.

● Una persona o cosa pura, limpia, tienen un tipo de suerte, la impura y sucia tiene otra. Y aquí se puede transar para cambiar la suerte según la ley del "Marimé".

● El mezquino es un maldito de Dios.

● Con la comida, los gitanos dan la bienvenida a los que están con vida, honran a los muertos y agasajan a los santos y vírgenes bajo promesa. Además del religioso, gira todo un círculo filosófico en torno de la alimentación: el comer en demasía no es bien visto, está relacionado con la pobreza y la orfandad, no anuncia nada bueno un apetito exagerado.

● Si pica la nariz es porque se va a atravesar por una gran bronca ese día, se va a rabiar mucho.

● Si pica la palma de la mano, como se sabe, es porque se recibirá dinero.

● Los gitanos tienen saludos específicos para ciertas situaciones. Antiguamente, para despedir a alguien se decía "Ya Deblesa", *Ve con Dios*. Y cuando se invitaba a alguien a comer, y la persona no deseaba acudir, decía a modo de excusa "Já Deblesa", *Come con Dios*.

Qué es el "Marimé"

Es un modo de proceder, una especie de código gitano que rige la vida cotidiana. Más que con la higiene, está vinculado con la castidad, por lo que no bastan el agua y el jabón para mantener todo limpio, sino que se deben respetar ciertas reglas establecidas. Toda persona impura era expulsada del campamento y abandonada por su sociedad. En el Antiguo Testamento vemos que los ritos de pureza eran un mandato de Dios, y que bastaba con que una persona o cosa impura tocara a otra para que ésta sufriera la misma suerte. Para los gitanos el cuerpo humano, de la cintura para abajo, es impuro, es sucio, en especial si no se es virgen.

De acuerdo con el Marime,las principales reglas a observar son:

● No beber de vasos, comer de cubiertos o platos que se laven en un fuentón o pileta donde se haya lavado la vestimenta.

●No juntar los recipientes destinados al lavado de vajilla, manteles o servilletas, con los que se utilizan para lavar la ropa. No se debe limpiar los zapatos con el repasador de la cocina, tampoco los pisos o las sillas. El trapo de piso debe tener un recipiente propio.

●El jabón que se usa para la higiene del cuerpo no debe utilizarse para el lavado del rostro. Lo mismo con las toallas. La palangana para el lavado de los pies y otras partes del cuerpo no se usará para lavarse la cara.

●No hay que limpiar las parrillas con pantalones, polleras o bombachas de personas casadas; menos aún si se trata de mujeres.

●El agua de un recipiente sucio no debe caer en uno limpio. Con el agua impura no se lavarán ni los utensilios ni las verduras.

●Cuando la vajilla, los repasadores y los utensilios se manchan, se tiran.

● Un elemento de cocina que caiga al suelo y sea pisado por alguien, en especial una mujer casada, es considerado impuro.

● Una mujer casada tampoco debe subir a un techo o terraza; mancharía la casa.

● Si se está construyendo una casa, los baños no deben ubicarse en la planta alta. Antiguamente, los baños se levantaban afuera. En la actualidad, se construyen dos: uno afuera y otro en el interior de la casa. Si esta regla no se respeta, ese proceder se considera impuro.

La idea de conservarse puros, limpios y fieles a sí mismos está relacionada con la limpieza y pureza de su suerte. Si la suerte se "ensucia", huirá de nosotros. Evitar la degeneración, el Marimé (en lengua gitana, *impuro, sucio, manchado*), es una de las premisas fundamentales de los gitanos.

Pero, ¿cómo se "transa" para cambiar la suerte, según la regla del Marimé? Simplemente, volviendo impuro algo puro. Por ejemplo, para curar la papera, se pasa sobre los ganglios una enagua de mujer impura. Al impurificar la afección, la enfermedad, que está en su período más desarrollado, decae. La costumbre de orinar las gomas u otras partes de un auto "enyetado" tiene como finalidad, no sólo que los espíritus de la mala suerte huyan, sino también "orinarse" en esa mala suerte.

8

Supersticiones sobre la naturaleza y los animales

Los gitanos temen a los tornados y a los remolinos de agua, pues creen que son manifestaciones diabólicas de los espíritus del agua y del viento.

Son muchas las supersticiones gitanas acerca de los fenómenos meteorológicos. A continuación, enumero algunos de ellos.

● Según los gitanos, con ciertos elementos terrestres se pueden producir efectos sobre la lluvia, la humedad, el viento y la tormenta. Tal es así que, cuando no quieren viento, se abstienen de quemar papeles y cuando quieren lograrlo, los queman en abundancia.

● Cuando la humedad los molesta, no tienen más que tomar un gusano o lombriz de la tierra, hacerle tres nudos con un hilo y dejarlo secar colgado de un árbol o de un tendal. Cuantas más lombrices se dejen secar, más rápidamente se cumplirán sus deseos, ya que junto con la lombriz, se secará la humedad de la tierra.

● Para terminar con un temporal de lluvia, toman una rama con hojas de cualquier árbol y con un pañuelo simulan un paraguas, atándolo por las cuatro puntas a la rama y diciendo a la vez: *Santo Pilato, Santo Pilato, hasta que no pare la lluvia no te desato.* Cuando deja de llover, cumplen lo prometido.

● Para cortar una tormenta que amenaza con desatarse, buscan el punto cardinal de donde viene y utilizan un cuchillo nuevo, sal y palabras secretas que se aprenden sólo en Navidad o Pascua. Otro método para desactivar la tormenta consiste en arrojar sal gruesa al cielo (aunque no lo aconsejo, porque una persona que lo intentó fue atacada por un rayo).

● La superstición asegura que, si un año comienza lloviendo, lo más probable es que sea un año con frecuentes lluvias.

Puede que estos métodos parezcan poco efectivos; sin embargo, tienen probada influencia sobre la naturaleza.

El hombre, la tierra y el mar

Los gitanos temen a los tornados y remolinos de agua, pues creen que son manifestaciones diabólicas de los espíritus del agua y del viento, que tratan de dañar a los humanos de esta forma poco usual.

Para los gitanos, el ser humano es la materia más resistente de los elementos, porque, según cuenta la leyenda, Dios puso primeramente la "gguedalia" (paciencia, aguante) en el árbol y éste no soportó y se rompió; probó ponerla en la piedra, pero tampoco pudo resistirla y explotó; la colocó en el ser humano y allá quedó. De allí proviene el dicho, que se pronuncia ante las desgracias y sinsabores de la vida: *Se rompe el palo, se rompe la piedra y la persona no revienta* (aguanta, soporta todos los infortunios).

Cuenta otra leyenda, cuando Dios creó al hombre lo hizo inmortal. La tierra, entonces, se quejó: *Yo les doy el alimento, viven ellos de mí y yo, ¿de qué viviré?,¿qué comeré? A los mismos que di de comer, a su tiempo los comeré.* Dios le concedió a la tierra el poder de "tragarse" a los hombres, quienes se convirtieron en seres mortales, aunque la maldijo: *Serás escupida y orinada y en ti defecarán todas las criaturas, hombres y bestias.* Y así pactaron Dios y la tierra hasta el fin de los siglos.

Según la creencia gitana, de igual modo fue maldecido el mar: *Que todos los días y en cualquier lugar del mundo, muera una persona en él.*

Como consecuencia de esta maldición, el mar debe, según su pacto con Dios, cobrar una vida. La furia del mar es un síntoma de su estado menstrual, pues, como las mujeres, una vez al mes tiene su período.

Creencias sobre los animales

Los gitanos saben ver en el comportamiento de los animales distintos anuncios y señales. Las actitudes de los animales que caigan fuera de lo habitual, manifiestan qué les acontecerá a ellos mismos.

Aves

- Los teros voladores son las almas de los muertos cercanos a la persona, por ello rondan su casa.

- Si una gallina canta como un gallo en vez de cacarear, sucederá una desgracia. Hay más posibilidades de que esto suceda, cuando la gallina está vieja y gorda, por ello es prudente carnearla antes.

- Cuando una lechuza aparece en nuestro camino, es preferible no mirarla a los ojos, para evitar males. Cuando los gitanos vivían en carpas y escuchaban su grito de mal vaticinador, lo revertían maldiciéndola e insultándola y, si lograban verla, le arrojaban además una brasa encendida, pues el mal huye del fuego. La lechuza era y es, evidentemente, un animal negativo.

● Si las gaviotas chillan y revolotean alrededor de una casa, están avisando que viene visita inesperada desde lejos.

Perros

● Si un perro aúlla como un lobo, está presenciando una mala visión o anunciando un mal acontecimiento. Para que calle y no siga siendo de mal agüero, se deben tomar nuestros zapatos y ponerlos en cruz.

● Si un perro pasa debajo del cajón de un difunto, cuando lo están velando, el finado se convertirá en un peligroso fantasma.

● Tampoco hay que permitir que el perro de la familia se acueste boca arriba, pronosticaría la muerte para el dueño de la casa.

Serpientes

● Hablan los gitanos de una serpiente con alas, que vuela emitiendo un sonido como si chiflara. Se llamaría Flecha y aparecería en lugares tales como bosques y selvas, y tiene el poder de atravesar volando a las personas y matarlas instantáneamente, tal como su nombre lo dice, igual que una flecha.

● Las serpientes comunes tienen sus patitas, aunque sólo pueden verlas aquellos que son especiales. Unicamente poniéndola sobre el fuego se le verían los piecitos, pero existe un riesgo: quien logre ver las patitas de las serpientes, quedará ciego al instante.

● El olor de la leche atrae a las serpientes, por eso buscan alimentarse de algunas mujeres que amamantan y, si lo logran (cosa que hacen con gran astucia), se vuelven blancas, justamente como la leche que mamaron en gran cantidad y por mucho tiempo.

● El que mate a una serpiente, debe asegurarse su muerte cortándole un pedazo de la cola y machacándole la cabeza. Si la cortara por la mitad, ambas partes lo perseguirán.

Tortugas

● No en vano la tortuga arrastra semejante caparazón sobre sí: la leyenda dice que se lo tiene bien merecido por mezquina; ella era una mujer, y estaba un día cocinando cuando llegó su comadre desde lejos. La cansada y hambrienta mujer le preguntó: *¿Qué estás cocinando?* Ella, en su mezquindad, se apresuró a contestar: *Nada*, y procedió a tapar la olla con la comida. Entonces Dios, que desde el cielo había visto su acto de mezquindad y egoísmo, le respondió, diciendo: *Mentiste y no tuviste vergüenza ni respeto por tu comadre, la madrina de tu hijo, y te apresuraste a tapar la olla con su tapa; pues yo también te pondré a ti una tapa de*

por vida. Y le colocó como castigo el caparazón.

●Las tortugas (lo mismo que los conejos) no son animalitos que den suerte; es más, hasta atraen la pobreza. Por ello, no conviene tenerlos bajo techo.

Gatos

Ver a los gatos manteniendo relaciones sexuales no es justamente un buen presagio, peor aún si lloran de noche: junto con los gatos, lloran las almas de los muertos. Simplemente, se debe pronunciar un conjuro para devolver el maí, que nos puedan estar deseando, sobre sus cabezas.

Sirenas

Mi madre me contó la historia de las sirenas, que mi abuela materna le relató y es la siguiente: Ellas eran tres hermanas, tres chicas normales que, pese a la negativa de su madre anciana y enferma, un día la dejaron sola y se fueron a la

playa, sin preocuparse por ella. Entonces, la madre indignada, las maldijo: *Allá, en el mar, que queden para siempre y que no vuelvan, que de allá nunca salgan y en pez se conviertan.* Y así se convirtieron en mujeres-peces, y salen a cantar y llorar de arrepentimiento estas chicas encantadas, hasta hoy. Para romper el hechizo, no hay más que sacarle la piel escamosa de las extremidades inferiores; lucirán sus piernas como cualquier otra mujer.

CAPITULO

9

Supersticiones sobre las mujeres y los niños

Vamos maridos, vamos hijos,
que nuestras mujeres lloran.
Que se pelean y se embellecen
porque al cielo quieren llegar.

USTEN JGOMALE,
canción
de autor anónimo

Casi toda la cultura gitana está basada en la superstición sobre la mujer y las distintas etapas de su vida. Para los gitanos, el honor de la mujer vale mucho; es tal la devoción por la virginidad que, si la prueba a la que la chica debe prestarse sale positiva, sus suegros guardarán la enagua con la evidencia junto al oro y el dinero de sus pertenencias, como un amuleto para la buena suerte. Previamente, una anciana corroborará si es verdadera sangre virginal, poniendo un poco de alcohol o whisky en la enagua y la frotándola. Si lo es, aparecerá el dibujo de una flor, una rosa, que simbolizará la virginidad de la chica y brillará aún más. Dicen que, antiguamente, si el hombre también era virgen, se dibujaba un clavel sobre la tela. La sangre que se destiñe al frotarla con whisky o alcohol no es virginal. No faltan quienes tocan la enagua para recibir suerte, si resulta que la chica es positivamente pura.

Algunas señales de la virginidad de la muchacha ya se ven en la fiesta de casamiento. Si la corona en su cabeza le asienta y resplandece, hay probabilidades de que sea "paquibalí" (pura, fiel, verdadera). Si la corona tiende a caérsele hacia atrás y las flores se marchitan, ésos son indicios de que la novia tal vez no sea virgen. Sólo son dignas de llevar tal atavío las doncellas; sobre la cabeza de una señora, la corona sufre y llora, se desarman las flores y no luce el vestido. Generalmente, cuando se visten de novia y quieren pasar por señoritas mujeres que ya no lo son, ocurre alguna desgracia en el entorno. Si una mujer que ya ha tenido relaciones sexuales se viste como doncella, sobrevendrá la muerte. No se conoce qué juramento antiguo, pacto o maldición ancestral lleva a que sucedan desgracias si se transgreden esas reglas. Pero es así, incluso en nuestros días.

La fiesta de casamiento

La madrina de la boda debe ser una mujer de un solo hombre, además de haber resultado virgen en su noche de bodas. Ella será la encargada de vestir con traje blanco a la novia. Los padrinos del casamiento deben ser una pareja ejemplar y que nunca se haya separado, para que el nuevo matrimonio no corra la misma suerte. Ambos padrinos se ocuparán de acompañar a la novia desde la casa paterna hasta la fiesta; más tarde la raptarán de allí para llevarla a su nueva vivienda: la casa de sus suegros.

Cuando se termine el festejo, allí mismo, en la fiesta, la novia tomará una bandeja con panes y los demás gitanos obsequiarán lo que puedan, en dinero o alhajas, colocando su ofrenda en un pan. Esta ceremonia se denomina "daggo" y se destina a cubrir los gastos de la fiesta. Es también una forma de casar entre todos a un joven de raza. Aquí juega la vanidad de cada uno. Igualmente, en la antigüedad, cuando se hacía una "eslava" (fiesta de la virgen), se tomaba la cabeza del cordero, se la ponía en el centro de la mesa y alrededor de ésta se colocaba una cadena de oro o un collar de monedas de oro como adoración a ese animal.

La muchacha virgen es de buena suerte, por eso se guardan las flores o souvenires que regala en la fiesta; si fuera una embaucadora, tirarán los obsequios con desprecio, pues tenerlos bajo techo podría traerles "yeta".

Hasta que no cambie la mujer su estado

de señorita a señora, no se le pondrá pañuelo en la cabeza. Hasta el momento de prestarse a la prueba de virginidad, debe la novia permanecer con su vestido puesto. Ocurrió un caso, en la ciudad argentina de Mar del Plata, hace algunos años, en que la chica permaneció vestida de novia y en la casa de sus suegros toda una semana. Hacía las tareas domésticas y las compras vestida de blanco, lavaba y barría las alfombras y la vereda vestida con su traje de novia, bajo el asombro de los transeúntes. Hasta que lograron convencer al novio, quien no la quería aceptar, porque lo habían casado sin su consentimiento.

Cómo se hace la prueba de virginidad

A la nochecita, se dejará a los novios solos en una habitación (antes, cuando no había piezas, se los ubicaba dentro de una carpita de tela llamada "pologo", que en verano se usa como mosquitero). Se le quita a la novia todo objeto cortante, como hebillas, anillos y, si tiene uñas largas, se le cortan con el fin de que no se lastime y sangre, porque la prueba de su virginidad está en el sangrado que tiene que manchar sus ropas. Para ello, se la vestirá con una enagua blanca, que alguna gitana que no sea de la familia se encargará de coser allí mismo. Afuera, esperando el resultado, habrá numerosas mujeres que servirán de testigos, darán el fallo y harán correr la voz acerca de las conclusiones. Las encargadas de esta tarea serán mujeres casadas, solamente, y convocadas por la madre de la muchacha. Si resulta pura, se dará una fiesta en honor de la virginidad de la chica y sólo para las mujeres; los encargados del acontecimiento serán los padres.

Ritual del agua virginal

Si se corrobora su virginidad, esa mañana se vestirá nuevamente con el traje de novia a la muchacha y se la llevará casa por casa, con un balde de agua en la mano. Ella ofrecerá agua con un vaso para que los demás se laven la cara o las manos o se mojen la cabeza. Luego, como obsequio, le tirarán alguna moneda de oro en el balde de agua y la felicitarán y halagarán por haber resultado decente. El capital que junte podrá utilizarlo para sí misma, para sus gastos personales. En el caso de que no resulte virgen, no hará este ritual. De vuelta en la casa de sus suegros, se le quitará el traje de novia, se vestirá de gitana y su suegra le hará dos trenzas y le atará el pañuelo en la cabeza. Allí comenzará su vida de mujer casada.

La viudez

La viuda, la separada o la mujer que ya ha tenido relaciones sexuales no es justamente de buena suerte y se convierte en impuro hasta su paso: si se sube a una casa, la manchará; si pisa una manguera de agua, la transformará en impura; son especialmente sucias sus enaguas y zapatos. Vale decir que de la cintura para abajo, la mujer es totalmente impura.

Si una soltera prueba ponerse pañuelo y el pañuelo no le sienta bien en su cabeza, es señal de que no ha llegado aún su hora, ni está preparada para el casamiento. En cambio, si el pañuelo le queda bien, indica que está en edad y que su príncipe azul aparecerá en cualquier momento. Perder el pañuelo es perder a un futuro marido y, si sólo con dificultad se mantiene en la cabeza, hay pocas probabilidades de

La mujer casada
debe evitar peinarse de noche
ya que, si así lo hiciera,
estaría, "peinando"
la suerte de su esposo.

que la pareja dure. Cuando una chica se pone pañuelo porque sí, es que desea casarse y usar pañuelo.

Cuando una mujer casada se luce sin pañuelo es porque le está augurando muerte a su marido. Tampoco faltarán quienes maldigan semejante indecencia, como es andar sin pañuelo. Del mismo modo, si usa colores oscuros o toma decisiones por su cuenta, estaría haciendo cosas de viudas. Y hablando de viudas, una mujer que aprecie a su marido no debe usar el pañuelo de ellas, si no quiere correr el mismo destino. Las viudas no pueden regalar nada de su vestuario a otras mujeres que están en pareja, es como desearles que les ocurra lo mismo. No tiene que obsequiar nada usado por ella y mucho menos un pañuelo, que entre los gitanos es como la alianza matrimonial para los "gayé" (gente no gitana). En caso de que la viuda quiera regalar prendas de vestir, debe ser ropa nueva, sin uso, para que la mujer no corra la misma suerte.

Las prendas de color negro son de mal augurio para las mujeres gitanas. Para la soltera, porque ponen en peligro la vida del padre. Para la casada, porque llevaría luto por el marido antes de tiempo. Igualmente, para no "peinar" la suerte del esposo, es preferible que la mujer no se peine de noche.

El embarazo

Cuando una mujer está encinta, para evitar que su hijo nazca ahorcado por el cordón umbilical, no debe pasar por alambrados, cuerdas u otro tipo de cosa horizontal. Otra de las consecuencias de este acto es "la pata de cabra", mal que se cura sólo de palabra.

El embarazo, además de ser un período especial para cualquier mujer, es entre los gitanos una etapa llena de cuidados y prohibiciones, con el fin de no producir efectos no deseados en el niño y la madre. Tanto es así que si no quiere una cesárea, no tiene que coserse la ropa cuando la lleva puesta, ni comer nada previamente mordido por alguien.

La madre debe procurar no ver ni admirarse de una persona deforme, tampoco una película de terror que le cause impresión y, para que el niño no corra la misma suerte, en el caso que no haya podido evitarlo, debe anunciar "Ashel pe lende" y tocarse la nalga. De la misma manera, hay que tirar de la oreja a niños y embarazadas (en el caso de la mujer, puede hacerlo sola) cuando se hable de muertos, fantasmas, alguna enfermedad y, sobre todo, cuando se mencione al diablo, diciendo a su vez *Que mis (o tus) oídos sean sordos*.

No es prudente comprarle ropa al bebé antes de tiempo; es muy importante esperar hasta que nazca. Nunca se sabe el destino que correrá la criatura; alguna fuerza extraña puede llegar a burlarse de nosotros, dejándonos sólo con la ropita y llevarse la vida del niño.

Cuando la parturienta salga del hospital, deberá regresar a su casa en cualquier otro transporte que no sea el auto de esa casa, pues lo volvería impuro. Luego, ya en su hogar, la mujer debe cumplir el período de purificación, antes de reanudar las tareas habituales. Tradicionalmente, eran cuarenta días de cautiverio, pero con el tiempo se fue acortando a quince. Durante ese lapso, no podrá visitar a nadie y deberá guardarse de los ojos de los demás, sobre todo de la gente anciana, para evitar maldiciones, ya que cualquiera que la vea podrá maldecirla por su falta de respeto de salir a ensuciar la suerte de los otros. Esta ley se llama "Marimé" y se refiere a todo lo sucio, impuro y manchado.

La mujer soltera
no acostumbra a usar pañuelo.
Si lo hace , es señal
de que desea casarse y,
por ende, llevar pañuelo.

Cuando una mujer casada
pierde su pañuelo
o éste no se sostiene bien
de la cabeza, es probable
que la pareja no dure mucho.

Incluso, por quince días no duermen con sus respectivos maridos.

Cuando la parturienta salga de su período de purificación, en la primera casa conocida y de confianza que visite, se tomará la precaución de tirarle sobre los pies un balde de agua, para que el pecho de la mujer no se seque y así tenga abundante alimento para el bebé.

Supersticiones sobre los niños

● Apenas un niño nace, el diablo estará presto para quitárselo a la madre; por ello, hay que vigilarlo muy bien.

● También, conviene tener cuidado con las "babichí" o hadas malas, sobre todo durante los primeros cuarenta días y más aún si el bebé no está bautizado, a fin de que no vengan, se roben al niño y, en su lugar, pongan uno deforme o mogólico. Aprovechando algún descuido en que la madre deje solo al bebé, pueden llevarse al niño sano y cambiarlo por uno enfermo, para que ella sufra con él, por simple maldad. Esto se denomina "todino ando tans" (cambiado de la cama o cambiado de lugar o en su lugar). Lo cierto es que las mujeres gitanas jamás dejan dormir solos a los recién nacidos.

● Cuando un pequeño nace con camisa de grasa, es una señal de que será muy afortunado. Hay que ponerla en cera virgen y guardarla en un colchón de plumas que pertenezca al bebé. Quedará allí como un grato recuerdo que, además, proporciona buena suerte.

● Para evitar que los niños lloren de noche, una vez que caiga el sol no se debe cruzar caminos, sobre todo durante la primera cuarentena y con un bebé que no ha recibido aún el bautismo.

● Una vez nacida la criatura, su madre no debe coser prenda alguna hasta que no se le caiga el cordón umbilical. Si la madre cose, estará provocando punzadas en el estómago e intestino del bebé. De igual modo, para no ocasionarle retortijones intestinales, no debe estrujar su ropita al lavarla.

● Se deben juntar tres mujeres y entre las tres coserle un vestidito. Justo a los tres días de nacido, deben vestir al niño con él. Se llama justamente "la camisita de los tres días" y es para que el niño esté siempre vestido en esta tierra.

● Luego se le hará el "sacho" (significa *satisfacción, limitación*). Para que tenga abundancia de bienes y con ellos se conforme, el rezo gitano dice: "Chigga te jal, hai but te aresel les"; la traducción exacta es: *Que poco coma y mucho se satisfaga.* Nadie puede negar que esto es una bendición, pues existe gente -tanto niños como adultos- que viven comiendo y nunca se satisfacen, lo cual les ocasiona problemas. Incluso, los que despilfarran el dinero, o nunca les alcanza, es porque no tienen "sacho".

¿Cómo se hacía el "sacho" ayer y cómo se hace hoy? Empecemos por ayer: Se vestía al niño con la camisita de los tres días. La madre amasaba un pan con sal y vino; al tercer día del nacimiento, se tomaba el pan junto con una moneda y se ponía debajo la almohadilla del bebé, en su cabecera. A la mañana siguiente se repartía a cada uno, por la salud del niño, un pedacito de aquel pan.

● Hoy en día, simplemente se toman migas de pan, una moneda de cualquier valor y, mojando todo en el vino, se hace una tortita. En vez de una noche, la dejan debajo de su cabeza por tres días, después de los cuales se reparte a cada niño un trozo de la tortita, deseando suerte a todos. Esos símbolos: el vino, el pan y la moneda, representan los bienes materiales que al niño no le deben faltar en la tierra.

● Se cree que a veces los hijos no están destinados a los padres que tienen y por ese motivo sufren con ellos. Puede ser el caso de un niño enfermizo: entonces, hay que "venderlo", para que se sane con la suerte del comprador y que le está faltando a los padres. Para esto, se toma a la criatura de mañana, se la coloca en mitad de la calle y, poniendo al sol y al cielo como testigos, los padres venden simbólicamente el niño a cualquier persona de confianza (que puede ser hombre o mujer de cualquier raza), quien les entrega a cambio una moneda de cualquier valor. De ese modo, compran a la criatura junto con su estado enfermizo, y desde ese momento, ya no pertenecerá a sus padres verdaderos, sino a los simbólicos, aunque ellos continúen teniendo en su poder al niño, y se sanará en su suerte y salud. Los padres verdaderos guardarán la moneda en un colchoncito de plumas que pertenezca al niño. Aseguran los gitanos que este rito, por medio del cual se transa a un niño enfermo por uno sano, da resultado.

● Los niños molestados por duendes deben ser llevados durante nueve días con el sacerdote.

● Cuando un niño contraiga sarampión, si es chiquito, hay que vestirlo de rojo, para que la enfermedad pueda brotar hacia afuera más fácilmente y evitar así el peligro de que la enfermedad se esconda. También, es necesario expresar deseos, como "Te anclel o te yal pel luluguia": *Que brote o se vaya sobre las flores*. Además, no se deben decir malas palabras, en especial la madre, ni cocinar dentro de la casa o hacer fuego en ella, pues todo esto ayuda a que la enfermedad se "esconda".

Rituales y supersticiones sobre los difuntos

Ay, no regresaré,
no regresaré nunca más.
No volveré a tí ni viva ni muerta.
Nunca jamás regresaré.

CHARAVINA,
canción
de autor anónimo

ingún gitano hace un testamento en vida. Tampoco compran una bóveda, eso equivale a buscar su propia muerte o desearla. En todos los casos se respeta la última voluntad de la persona fallecida, tanto en lo que tiene que ver con los bienes a repartir, como con sus palabras: son advertencias, sugerencias y buenos consejos.

Apenas fallece un individuo del pueblo gitano, se le coloca una vela encendida en la mano, hasta que se consuma, para alumbrar su camino hacia el más allá. De aquí proviene aquella maldición que reza "Te meres bi momeliaco": *Que te mueras sin una vela,* que pone de manifiesto la importancia de ese rito.

Luego, se higieniza al muerto, aunque curiosamente, muchos ancianos presienten la hora de su partida y se preparan bañados y vestidos para recibir su muerte. Se pone dentro del ataúd jabón, cigarrillos, ropa nueva y, a veces, dinero y alhajas o cualquier otra cosa que a la persona se le ocurra, para que el difunto lo utilice en el mundo espiritual y no se retire pobre y sin nada de éste. El dinero y las joyas son para dotar sus caminos y pagar a los muertos con los que no hubiera saldado sus deudas cuando vivían. De lo contrario, no lo dejarán pasar y lo castigarán quemándole los ojos con velas encendidas.

El velorio es un velorio común; sólo unos pocos ritos son diferentes. En estos últimos se realizan cosas como poner debajo del cajón dos recipientes con carbón encendido, a los que hay que agregar, de tanto en tanto, incienso de sahumar, a lo largo de la ceremonia. Antes de llevar al difunto, se dan tres vueltas alrededor del ataúd con el sahumerio, para despejar el camino al más allá de cualquier obstáculo. Antiguamente, cuando se realizaba en carpas, había que cuidar que ningún perro pasase debajo del ataúd, pues creían que el muerto se podía convertir en un peligroso fantasma.

En el trayecto del velatorio al coche fúnebre, se va tirando agua en la calle, que previamente se prepara en botellitas, para saciar la sed del difunto. Los gitanos no entierran a sus muertos en tierra, sólo en nichos, y la superstición aconseja no cavar zanjas ni pozos antes de las seis semanas. Sobre todo la persona que ya sufrió un luto, pues eso puede traerle otro.

Luego, retirándose del cementerio se encienden fósforos y se los arroja sin darse vuelta. Camino a sus hogares, los gitanos paran en alguna despensa o bar y los familiares del fallecido ofrecen a los presentes distintos fiambres y bebidas gaseosas y alcohólicas en memoria del fallecido. Mientras se come, se ofrenda: *Que sea por...* (y se nombra al difunto), una ceremonia que los familiares repetirán todas las mañanas en su hogar. Hacen el paréntesis para no ir directamente a sus casas, como una especie de recreo que los vuelve a conectar con la vida normal. Pero en todos los casos aconsejan que, si se visita el cementerio, en lugar de volver directamente a la casa, conviene detenerse en algún sitio, ya sea un comercio o la casa de cualquier persona; quedarse un rato, charlar y luego emprender la marcha. De esta manera, haremos que cualquier fuerza maligna que nos persiga pierda el rumbo; además, nos desprenderemos de cualquier "onda" negativa en vez de llevarla a nuestro hogar. Para lograr el mismo objetivo, apenas se lle-

*Si una persona conocida ha fallecido
recientemente es preferible
no mirarse al espejo de noche:
podría reflejarse el
fantasma del difunto.*

gue a casa hay que lavarse las manos, en especial si se ha tocado cosas del lugar.

Hasta que se lleve al difunto al cementerio, o al menos durante un día completo, no hay que cocinar, sino comer un plato frío. Si se usa fuego para cocer los alimentos, la creencia asegura que se estará quemando al difunto. Por tres días, tampoco se puede usar jabón para lavar: al muerto se le formaría espuma en la boca. Si al tercer día después del fallecimiento los familiares más directos no usan producto jabonoso alguno, ya no lo podrán hacer por seis días más; incluso, para peinarse tendrán que esperar a que se cumplan nueve días en total, pues, de lo contrario, se le rayaría la cara al finado.

Durante ese período, tampoco se debe coser: se le cosería la boca. Tampoco clavar clavos, ni golpear madera, pues se lo golpearía al difunto. Ver televisión, escuchar música o radio, cantar y/o bailar: terminantemente prohibido. Cuando llegue la noche, a la caída del sol, es preciso sacar la ropa del tendal, pues es creencia que viene el espíritu, se pone la ropa, pasea con ella y al amanecer, la deja de nuevo en su lugar. También, se sacan afuera de la casa el vinagre, los limones y los ajíes; son cosas agrias y fuertes y pueden atraer el alma difunta.

Como muchos pueblos primitivos, los gitanos hablan de la virtud del ajo para espantar fantasmas y malos espíritus. El modo es el siguiente: durante la noche, se pone ajo pelado en la cabecera y se pasa un pedacito por el ombligo y la frente. Conviene masticar otro poco, de ese modo se olerá mal y el fantasma no se acercará a los que duermen y no les hará daño.

Todas las prohibiciones, basadas en el temor y el respeto, están destinadas principalmente a los familiares y parientes cercanos. Sin embargo, quien tenga un poco de consideración por los enlutados y honre a la memoria del fallecido, seguramente apagará su televisor y, al menos por un día, no cocinará, no coserá, ni clavará clavos, ni utilizará jabón, ni nada espumoso.

A los tres días del fallecimiento, durante la caída del sol y en un lugar al aire libre, se dispone sobre un platito una servilleta y un vaso con agua; al lado del plato, un pancito y una vela encendida. Después, se deja el lugar solitario, espiando de vez en cuando, a la espera de un gorrioncito o de un tero, pues se cree que el difunto toma cuerpo de ave y, en forma de pájaro, viene a tomar unas gotitas de agua y a picotear el pan, después de lo cual, se marcha. Si no aparece, todos se sentirán muy mal y hasta creerán que el muerto está disgustado, pero lo más común es que el pajarito acuda. Cuentan que han ido teros a comer y beber aun dentro de la casa. También, es probable que al otro día se encuentre el pan comido y el agua bebida.

Luego, por seis semanas, deben repartir agua (actualmente puede ser jugo o vino) con una damajuana, en la mayor cantidad de casas de gitanos posible. La damajuana lleva atadas cintas de colores amarillo, rojo y blanco, de un metro de largo cada una. La encargada de la tarea debe ser una mujer joven, con ropa oscura; no debe vestir nada colorido para el ritual ni puede orinar durante el recorrido. Ella dará un vaso de beber a cada persona, diciendo: *Que sea delante de...* (nombre del difunto). No es obligatorio aceptar la bebida.

Cuando una persona conocida ha muerto recientemente, es preferible no mirarse en el espejo de noche: podría reflejarse el fantasma del difunto. Igualmente, para salir de noche al exterior de una casa, es preferible llevar en la mano un cigarrillo encendido. Antes, se salía de la carpa con una brasa o palito quemado, para que el fantasma no se arrimase.

Si alguien muere con los ojos abiertos, es señal de que quiere llevarse a otro consigo al más allá. Si se muere con la boca abierta, su fantasma se mostrará a los vivientes; para que esto no ocurra, se les ata la cara con un pañuelo. Es habitual que ocurra con los ancianos, quizá porque les cuesta desprenderse más de la tierra.

En general, los gitanos buscan evitar las apariciones del fantasma. Para ello, existe una amplia tradición que explicaré más adelante.

La "Pomana"

Transcurridas seis semanas del fallecimiento, se lleva a cabo una comilona en memoria del difunto, a la que se puede asistir sin previa invitación. Los encargados de la celebración hacen correr la voz y todos acuden.

El menú, que se prepara a la caída del sol, está compuesto por nueve ollas de comidas varias: lechón, cordero, arroz, repollo, etcétera, que se servirán sobre una mesa larga y con mantel blanco colocada en el suelo. Se dispone el pan, que se usará a modo de candelabro, y todo lo que vaya a la mesa se cuenta en número impar. Se ponen cuarenta y un platos, intercalando entre ellos frutas frescas de la estación, que se compran solamente por cajones enteros, sin abrir.

Con una damajuana de vino y un vaso, un hombre sirve a los que están sentados a la mesa uno a uno, quienes dirán, mientras beben: *Que sea por...* (nombre del muerto). En vida, no se debe ofrecer comida o bebida a nadie con cubiertos sucios; de lo contrario, al morir, en su fiesta de celebración la mugre reinará delante de él o ella. No hay que tomar fotografías si alguien murió poco tiempo atrás; mucho menos en la Pomana: saldrá el fantasma en la foto.

Días antes de la celebración, se busca a una persona del sexo del difunto que esté de acuerdo en recibir su ropa y se le obsequia, para que la use por aquél. El viviente la usa aquí en su nombre y, en el más allá, al muerto no le faltará vestido. La vestimenta que se entrega debe ser completa: en el caso de un hombre, se lo acompaña a comprar todo nuevo y a su gusto, zapatos, pantalón, medias, corbata y calzoncillos.

En el caso de las mujeres, se le da un traje nuevo o se le compra una tela a su gusto y se lo confecciona días antes de la conmemoración, con el fin de que lo luzca para tal ocasión. También se le obsequia el calzado y la ropa interior, pero sólo a una gitana. Con los varones es distinto, se puede obsequiar a cualquier conocido sin distinción de raza. Además de la ropa, se regala un espejo, un jabón de tocador, un peine y una toalla. El ropaje del fallecido se guarda en su casa, como recuerdo.

El sucesor (el que recibió la ropa), que representa al que se ha marchado, se sienta a la cabeza de la mesa y es el primero en tomar o probar bocado. Nadie podrá sentarse ni levantarse de la mesa si él no lo hace primero.

Se come sin cubiertos, para evitar lastimar el rostro del finado; el pan los sustituye. Antes de comer, se inciensa la mesa: dos hombres la recorren llevando velas encendidas sobre una bandeja, que junto con las de la mesa forman un impar de cuarenta y una. Mientras rodean tres o cuatro veces y cuidan de no chocarse entre sí, van gritando "Bosti, bosti", *Que sea por...* (nombre del finado). Los demás repetirán las palabras con ellos.

El sobrante de los alimentos, la damajuana con la cual se paseaba el agua, las cintas y las velas, todo se tira en un arroyo, río o mar grande, pero jamás en un lugar donde puedan ser pisados. Sería una gran falta, del mismo modo que dárselo a los animales.

La Pomana se repite a los seis meses del fallecimiento y una última vez al cumplirse un año. Los gitanos hacen también otro pequeño rito para terminar con el duelo, que consiste en tirar vino sobre un pañuelo blanco, que se dispone en el suelo y al que todos rodean, y el familiar pide perdón a Dios, el Supremo, por los vivientes y por el fallecido. Luego, todos cantan con el fin de quebrantar el duelo que mantuvieron y decir adiós a ese resguardo que prohibía todo entretenimiento: ver televisión, escuchar música, cantar, amasar harina, pintar paredes y teñir ropa y a las mujeres, maquillarse.

Hay familias que prefieren deshacerse del luto a los seis meses, en la segunda "Pomana". Antes, el duelo se guardaba por más tiempo, pero en cualquier caso, lo mínimo son nueve días. No es positivo guardar dos duelos juntos; si han muerto dos parientes, hay que abandonar la "yalia" (luto, duelo). Los dueños de una casa pueden decidirse solos a dejar el duelo: se junta un grupito, arrojan vino sobre un pañuelo y, en un lugar limpio y apartado, como por ejemplo un espacio con pastito verde, cantan y aplauden luego de rezar.

Cómo recordar a los muertos

El día de las ánimas -en especial si se ha soñado con un difunto- se cree que él desea y de alguna forma pide que se lo recuerde y atienda. La manera de conmemorarlo es ofrecerle un familiar y sustancioso desayuno. El que ofrende debe primero besar algunos de los alimentos y decir: *Que sea para...* (se nombra al difunto); recién después de esas palabras se podrá comer. Este pequeño rito se denomina "dar ando o bas" (dar de la mano).

Además, ofrecer alimentos en sacrificio a los muertos se puede hacer en cualquier momento y lugar, cuidando sólo de tirar luego el resto de alimentos sobrantes en un lugar puro. Cuando las gitanas iban por las calles leyendo la buenaventura, también en ese momento se acordaban de sus muertos. Si comían o bebían algo, lo hacían en honor y en el nombre del finado. Antes de beber, se tiraba un poco de gaseosa o bebida alcohólica, en la creencia que el muerto la tomaría y comería lo que ellas comieran.

Atreverse a mentir sobre los hechos en vida de quien partió, es un gran pecado ante Dios y ante el propio difunto y se puede esperar un castigo por no respetar su memoria. Por eso, en el caso de decir algo comprometedor, se pide previamente "Te abel ierto", *Que sea o seamos perdonados* (él, por lo malo que hizo y nosotros, por lo que sabemos y vamos a decir de un muerto).

Comúnmente, cuando se habla de un finado se dice primero: "Pandadí lesqui iác", *Que esté o siga cerrado su ojo;* es la manera de desear que no repare en nosotros, en lo que estamos hablando, o lo interprete como una invocación para que se muestre o se manifieste de alguna manera. Se puede agregar "Te na diquiol ando suno", *Que no se vea o aparezca en sueños,* sobre todo si es de noche. Todos estos son dichos para evitar a la gente del más allá.

Para los gitanos, sus muertos son sagrados y no soportan que alguien insulte sus memorias. Incluso, en lo posible, es mejor no nombrar al que acaba de morir. Aunque crean en el destino y la vida en el otro mundo, temen a la muerte, a tal punto que ni siquiera quieren hablar de ella. No perdonan que alguien les anuncie la muerte, ni siquiera en broma; lo más probable es que devuelvan la maldición, ya sea en la cara o a las espaldas de la persona. O en su interior, "rebotará" el mal presagio, lo cual, para los gitanos, es cosa seria.

Los gitanos temen a todo lo relacionado con la muerte: ambulancias, hospitales, coches fúnebres, salas velatorias. Tratan, por todos los medios, de evitar esos lugares. Del mismo modo, ir a llorar a casa de otra persona la muerte de un familiar es desear lo mismo para ese hogar. No hay que llorar en casa ajena, por ningún motivo. La gitana que tenga un poco de conciencia y quiera evitar habladurías, culpas y maldiciones a sus espaldas, debe contenerse de derramar su mala "onda" y anunciar llanto en casa de otro; así, si sucede una desgracia, no se la incriminará.

Tampoco hay que poner mala cara en techo ajeno, es de mal agüero. No se debe masticar chicles de noche, pues sin saberlo se estará masticando los huesos de los muertos. Cuando la muerte es producto de un asesinato, los gitanos creen que el asesino tarde o temprano caerá en manos de la ley: la sangre de la víctima hará justicia y no lo dejará vivir en paz.

Los gitanos y los fantasmas

Se cree que el alma del difunto anda vagando durante doce meses, tiempo en el cual frecuenta los lugares que visitó estando vivo. Y sufre juntando cada pedacito de uña que se cortó en vida. Por ello, los abuelos gitanos tratan de no desparramar sus uñas al cortarlas.

El primer lugar que visita el alma es donde nació, allí se arrepiente de haber muerto y escupe sobre sí. En la tercera noche de la tragedia, el espíritu camina alrededor de la que fue su casa buscando a los suyos, para saludarlos por última vez. Y esa noche pueden escucharse y verse cosas extrañas, sobre todo las demás personas que se queden a cuidar y consolar a los afligidos. Hay quienes dicen haber visto al fallecido en el umbral de la puerta, en distintas acciones y formas, o escuchar su llanto esa noche. Para los familiares puede ser un consuelo. A las demás personas nunca deja de causarles terror. Por eso, algunos prefieren dispersar al grupo familiar llevándolos a dormir a distintos hogares. Existe un sencillo ritual con el que se le impide a este ángel ingresar en una casa: al inaugurarla, hay que tomar un cordero y sacrificarlo bajo ese techo. Luego, hay que hacer cruces en las paredes con su sangre, especialmente en las puertas y ventanas, e ir rogando bendiciones. Es preferible que de eso se encargue un hombre de confianza, si es el dueño de la casa, mejor. El cordero se come asado y se bebe vino, dentro de la casa.

Además de temer a las casas donde ha fallecido alguien -por esa razón, prefieren construirlas ellos mismos-, los gitanos temen a los muertos y los fantasmas mismos. Temen a las apariciones de todo tipo y de ninguna manera es un miedo zonzo, porque cada caso y hecho hizo historia. Acontecimientos sobrenaturales de diversa clase confirman sus miedos y creencias.

Cada ancestral precaución o superstición está basada en un hecho real que se transmitió a la generación siguiente y hoy se ha hecho tradicional. De cada caso fantasmagórico los gitanos parecen haber aprendido, haber sacado una conclusión o enseñanza para el futuro. Los gitanos, dueños de los viajes y las andanzas, también tuvieron que verse con las apariciones y fantasmas del camino; en las rutas de hoy en día ya no es tan común que ocurra eso.

Los zíngaros conocen por referencia los pueblos y rutas donde existen "chojané" (fantasmas, cosas malas, sobrenaturales) y tratan de esquivarlos, pues conocen por anécdotas lo que les ha ocurrido a otros que anduvieron por allí.

Las historias para contar sobre "chojané" son muchísimas. Algunos engañan a los vivos mostrándoles carpas y gitanos a un costado del camino, por la noche. Otros los llaman por sus nombres o los insultan o hablan en gitano. Les hacen creer que atropellan animales y se produce un ruido tremendo, aunque luego comprueban que sólo se trataba de una visión. Hay quienes han levantado en la ruta a sus parientes muertos, han charlado con ellos durante todo el viaje, sin darse cuenta de que estaban con un fantasma.

Las horas peligrosas en que pueden aparecer fantasmas son, tanto el mediodía como la medianoche en punto. De modo que nunca hay que salir a esa hora; conviene dejar pasar unos minutos, en especial si ha fallecido alguien recientemente.

Lugares peligrosos de noche son las vías del ferrocarril (tanto cruzarlas como pasar cerca de ellas), lugares descampados, maizales y corrales de ganado. La superstición aconseja, además, no cruzar caminos durante la noche, pues la muerte y las calles están involucradas con los espíritus que quedan allí. Si se hiciera esto, se podría traer una mala sombra sobre sí, sobre la espalda.

Esto ocurrió hace aproximadamente un siglo: Un hombre salió de noche a comprar pan en su caballo; de vuelta, puso la bolsa sobre su hombro y emprendió viaje. Cuando llegó a su carpa, al abrir la bolsa, en vez de pan se encontró con un monstruito que devoró a toda su familia.

Según la creencia gitana, no es aconsejable dejar la mesa puesta luego de cenar, pues cualquier espíritu puede sentarse a ella. Además, se puede llegar a escuchar ruidos de cubiertos en la cocina y encontrar al otro día los platos lamidos. Antiguamente, se creía que venía una persona espiritual y escupía tres veces sobre los platos sin lavar; esos esputos se reflejaban luego sobre la piel de la cocinera en forma de manchas.

Los muertos que fallecen con hambre vuelven de noche a sus hogares a buscar comida; por eso, se pueden escuchar ruidos y revueltos y, al día siguiente, encontrar alimentos mordidos. Cuando se deja una comida de noche y a la mañana aparece mordida o sin un pedazo, se debe tirar a la basura; no hay que comerla, porque lo más seguro es que algún chojanó la haya mordido y nos haga mal. La creencia proviene del relato de un hecho real que llegó a nuestros días, según el cual unos gitanos pelaron y colgaron del palo de la carpa una gallina y la dejaron ahí toda la noche. De mañana, la encontraron mordida y morada, pero igualmente la cocinaron y comieron. Al otro día, la cocinera amaneció muerta, aparentemente sin causa alguna.

Los espíritus de los muertos se presentan a los vivos por diferentes motivos:

● Muertos que reclaman lo que les pertenece.
● Muertos que pidieron algo antes de morir y, como no se lo dieron, vuelven para vengarse. (Sucedió en una oportunidad que la suegra, moribunda, le solicitó a la nuera un medicamento y ella no se

lo dio. Una vez muerta, de noche, venía a castigarla en sueños, le pegaba, la maltrataba, amanecía llena de moretones y con la ropa rasgada. La atormentada no tardó en enloquecer).

- Muertos que vienen a buscar
  a sus parientes moribundos.
- Muertos que vienen a salvar
  a sus parientes graves.
- Muertos que vuelven
  para hacer justicia.
- Muertos que vienen
  a buscar algún familiar con vida.
- Muertos que vuelven para
  saber algo sobre un pariente vivo.
- Muertos de las rutas y caminos.
- Muertos que vienen a posesionar
  algún cuerpo vivo.
- Muertos que no terminaron
  su vida en la tierra.
- Muertos que no terminaron
  su obra en la tierra.
- Muertos que no quieren
  irse de este mundo.

A continuación, expondré las formas gitanas de librarse de los fantasmas.

- A las personas perseguidas por espíritus se las hace cruzar ríos, mares y grandes arroyos, también puentes, en la creencia de que los finados no pueden atravesar las aguas.
- También sirve refugiarse en una iglesia, allí el mal no entra.
- Otra ayuda consiste en darle a tomar y hacerle sahumerios con incienso de sahumar, especialmente "chojani". La palabra "chojani" se relacio-

na con "chojané" (fantasmas), pero en femenino sirve justamente contra ellos. Se trata de un duro hongo que se encontraba, dos décadas atrás, como si fueran charquitos de sangre coagulada. Lo mezclaban con harina común, incienso de sahumar y un poco de agua bendita, se hacía una pasta y se dejaba secar, hasta que tomaba consistencia. Se le daba un pedacito de este preparado a las personas atormentadas, poseídas o perseguidas por espíritus. Se decía que era el vómito de la "mamiogú" , la abuelita, a la que veneraban como diosa y virgen. Al parecer, venía a visitar los campamentos por la noche y dejaba su señal, que se encontraba al otro día y que servía para ayudar a los atemorizados. Es un poco difícil hallar hoy este poderoso remedio; no así en la época de las carpas.

Cuando se desea ahuyentar a los fantasmas, los recursos son muchos: son los mismos que se usan para espantar al diablo y a los malos espíritus. Porque los gitanos bien saben que los muertos que atormentan, molestan o se muestran a los vivientes, no están justamente en la vía buena.

CAPITULO

11

Conjuros contra la mala "onda"

*Que si va a venir algún mal,
que se detenga, que no venga,
que se vaya lejos, al fondo del mar,
donde no hay rastros de persona
humana.*

FRASE
POPULAR

os gitanos conocen palabras y oraciones especiales y populares que alejan a los espíritus, evitan las enfermedades, las muertes y las desgracias repentinas. También, existen maldiciones y bendiciones para neutralizar los sueños y los malos presagios. Se trata de rezos fáciles de decir y que se pueden practicar en cualquier momento y lugar, para "rebotar" daños o cualquier cosa mala que no deseen que les ocurra. Los hay, incluso, para atraer la suerte. Aunque en esta clase de hechizos se emplean unos pocos elementos que se consiguen con facilidad, las palabras son lo más importante y, si se trata de conjuros, se vuelven poderosas.

Para revertir maldiciones o daños

●Tomar piedras y darlas vuelta diciendo: *Que se vuelva todo el mal que me desean mis contrarios y que sus bocas maldicientes se tapen con estas piedras.*

●Cortar pasto, tomar palitos y ponerlos encima de las piedras, diciendo a su vez: *Que palos, pasto y piedras tapen la boca de mis enemigos y sus malos deseos y palabras dirigidas a mí sean de palo y piedra que así como ellos, queden congelados y no me lleguen.* Las gitanas decimos "Te baggolpe, te castolpe muggé dhusmanongó mui": *Que se haga palo, que se haga piedra, la boca de mis enemigos,* pues la maldición es el método más usado de desear el mal, que los gitanos conocen y emplean.

●También usar la ropa interior al revés revierte la mala "onda" y da lugar a la buena suerte.

Para curarse de la envidia

● Con tres gajos de ruda macho preparar una infusión y ponerla nueve días al sereno. Luego, se bebe un sorbo cada mañana hasta que el preparado se termine. Hay que tener cuidado de tirar los gajos en un lugar puro, donde nadie los pise.

● Los baños defumadores para lograr una descarga de energías negativas se hacen con ruda y/o romero y vinagre. Este preparado sirve también para exorcizar una casa, si se la lava con él.

● Es efectivo, además, beber un poco de incienso de sahumar con agua fría.

Algunos sahumerios liberadores

● Un sahumerio sencillo y eficaz para todos los males se hace con yerba, azúcar y/o café sobre brasas. Estos víveres representan la abundancia material y la bendición de un hogar; la persona debe persignarse tres veces y, cuando el sahumerio comience a ahumar, se bendice y ora con palabras como éstas: *Que Dios me ayude, me cure, o me libre de este mal* (según lo que pida el individuo). Este sahumerio para la buena suerte también se emplea para fumigar la ropa que ha estado afuera por mucho tiempo. Se debe pasar en cruz por el fuego, que es el principal purificador.

● Lo mejor para espantar los malos espíritus es el incienso de sahumar, que se puede conseguir en cualquier farmacia y se utiliza en personas, autos y casas. Se puede completar con un trapito o cinta roja.

● Otro sahumerio para que la mala "onda" y los espíritus malos se vayan y venga lo posi-

*Los sahumerios
son empleados por
los gitanos
para purificar objetos y lugares,
y ahuyentar la mala "onda".*

tivo se hace con ruda, romero y azúcar: cuando empiece a hacer humo, se pasa tres veces en cruz para liberarse.

Contra los daños de los vecinos

Nunca faltan malos vecinos que tiran brujerías a nuestra casa o patio. Para revertir el mal, los gitanos rezan un Padrenuestro al revés y queman los elementos arrojados, de manera que el humo vaya en sentido contrario, es decir, para el lado del vecino brujo.

Para evitar el mal de ojo

● Cuando alguien codicie algo de nuestra persona, hay que decir decir "Sir ande quie akoa", *Ajo en tus ojos*. Si tenemos confianza, hay que decirlo abiertamente: si no, hay que murmurarlo entre dientes.

● Al admirar a alguna persona o sus cualidades, sobre todo a un bebé, agregar: "Te na delpe ackaló", *Que no se ojee*.

Para que los malos indicios no se cumplan

● Cuando la sal se derrama en el piso, hay que tirarle agua en cruz. Si cayó sobre un mantel o lugar seco, hacerle simplemente la señal de la cruz.

● Si titila el ojo, es una mala señal. Para neutralizarla, hay que tomar un pequeño palito y pegarlo con saliva en el párpado (puede ser un fósforo

Hechizos para enamorar

Una mujer gitana que quiera lograr el amor de un hombre, puede elegir alguno de estos métodos y concentrar todo su deseo y pasión al ponerlos en práctica.

• Bañarse y luego darle a beber el agua que empleó para enjuagarse en un té, café o como agua para el mate. También, enjuagando sus pies en agua clara y dándosela de beber, el hechizo dará resultado.

• Otro método es cortar las uñas de manos y pies, reducirlas a polvo y dárselas de tomar en algún líquido.

• La mosca encantada y la abeja reina también tienen la virtud de enamorar, si se las pone en infusión en una taza de agua caliente y luego se da un té al amado.

• Otro recurso que la mujer puede utilizar es escribir el nombre de él con lápiz en un papel sin renglones o guardar una fotografía de él en la bombacha, de modo que roce sus genitales.

de madera o un trocito de palillo de dientes) diciendo "Te castolp e te baggolpe", *Que se haga piedra, que se haga palo*, hasta que ceda el titileo. También, resulta efectivo golpearse el párpado tres veces suavemente con la palma de la mano, diciendo las importantes palabras señaladas recién, que congelarán lo porvenir y no dejarán que lo malo se haga realidad.

Para destrabar y curar la impotencia

Hay que conseguir un candado nuevo -cuidando que en el momento de comprarlo lo entreguen cerrado y con su respectiva llave aparte- y una palangana nueva, sin uso. Alguien de nuestra confianza y que conozca sobre esoterismo debe poner agua y azúcar en cruz dentro de la palangana y colocar en ella el candado, cerrado. Luego, se lo abre en el agua diciendo *Abro la puerta de todo lo bueno para ti* y se lo cierra con estas palabras: *Cierro y corto todo lo malo que tienes en este momento*. Se abre el candado tres veces y se deja abierto, diciendo *Abro todos tus caminos al bien*. Se saca el candado del agua y se deja abierto hasta el próximo viernes, cuando se repetirá el mismo ritual. El tercer y último viernes de cumplida esta ceremonia, se le entrega el candado abierto a la persona afectada y se lo manda a tirarlo en un río o mar, cuidando de arrojar las llaves por separado, para que, así como el candado, sus caminos queden siempre abiertos y nunca se le cierren las puertas.

Para evitar todo tipo de males

● Cuando alguien tenga la suerte de hacerse acreedor de algún premio de lotería u otro juego de azar que involucre mucho dinero, para evitar la desgracia en otros niveles, ya que se comenta que la lotería trae la muerte consigo, hay que hacer correr sangre. Con ese fin, el ganador debe sacrificar un cordero, luego de pasearlo por toda su casa, y con él hacer un banquete para conocidos, amigos y familiares, en festejo por el premio recibido y para lograr que se le desee suerte, sobre todo los ancianos, lo que es de gran ayuda. En esta fiesta, el ganador agradece a Dios y promete ayudar a los necesitados, y de seguro que todo le irá muy bien.

● Para evitar discusiones o peleas, no hay que poner el tenedor o la cuchara en el fuego.

● Cuando veamos a una persona deforme o en una situación desagradable, y queremos evitar un destino semejante, primero y principal no hay que horrorizarse, ni conmoverse, ni sorprenderse. En el caso de que nos indigne o nos impresione, se debe escupir en nuestro pecho y decir: "Che lesco chudo leste" (o "late", si se trata de un ser femenino). A veces basta decir "Che lesco chudo". Y mejor aún agregar "Ashel pe leste" (o "late", si se trata de un ser femenino): *Que quede en él o sobre él -o ella- lo malo que tiene o le esté pasando y yo no corra igual suerte.*

● Si sentimos que alguien nos está vaticinando algo malo, podemos devolvérselo diciendo "Pe lesco (o laco, femenino) shoro", "Pe lesque (o laque, femenino) changá": *Por su cabeza, por sus rodillas.*

● Cuando se habla de alguna enfermedad o algo negativo y, sobre todo, se tiene que señalar alguna parte del cuerpo, se manda "dur mandar", *Lejos de mí* (o "amendar", de nosotros).

Estos rezos que sirven para revertir maldiciones y malos anuncios se llaman "Saminisar", que significa "revierte".

CAPITULO

12

Medicina mágica

*La manera más poderosa
de ayudar a un enfermo es
que su padrino encienda una vela
y pida a Dios por él.*

A continuación, hablaremos de la medicina mágica, de ciertos ritos y creencias de los que se valieron los gitanos en otros tiempos para recuperar la salud. En aquella época no se recurría mucho al médico, quizás a causa de la vida nómade o en razón de las persecuciones discriminatorias de las que fueron víctimas. Lograban tratar enfermedades que no curaba la ciencia de entonces, como la culebrilla, el empacho, el mal de ojo y la pata de cabra, males que hasta hoy se curan mágicamente. En la actualidad, a pesar de recibir asistencia médica, se sigue creyendo que a las enfermedades que no cura el médico, las cura la sabiduría gitana.

Existen métodos para prevenir, para mejorar y para sanar. Empezaremos por los de prevención.

Métodos de prevención

● Para evitar que el sarampión se "esconda", no se deben decir malas palabras delante la persona infectada, y menos aún pronunciarlas ella misma, pues resultaría peligroso si el sarampión, en vez de brotar hacia afuera, lo hiciese para adentro.

● Para acortar un período menstrual de cinco días y reducirlo a tres, apenas tenga la menarca la joven debe saltar tres veces sobre una parrilla de asar.

● Para evitar los dolores de cabeza hay que cuidar muy bien donde tiramos el cabello después de cortarlo o peinarlo, porque los pájaros pueden tomarlo para hacer sus niditos y eso nos ocasionaría dolores.

● Para evitar el bocio, soplarse la mano, después de tocarse el cuello.

Métodos para mejorar

● Para calmar los calambres hay que estirar los miembros afectados y hacer sobre ellos una cruz o varias, con saliva. Da resultados.

● Para cortar el hipo se toma un hilito o un pedacito chiquito de trapo rojo, se le pone saliva y se confecciona un bollito que se pegará en la frente.

● Para la papera hay que pasar por los ganglios inflamados la pollera de una mujer que ya haya tenido relaciones sexuales. Si fuese la pollera de una señorita, no se vería ninguna mejoría. También, es efectivo el excremento de un niño pequeño. A través de esta técnica, ("marilpe"), se "mancha" o "ensucia" la suerte de la enfermedad y desaparece de a poco.

● Para sacar molestias y basuritas de los ojos, hay que remover suavemente con los dedos el párpado, haciendo movimientos circulares, y decir al mismo tiempo: *Santa María, sácame esta porquería*. Si se repiten tres veces las mismas palabras, cederán las molestias.

● Dientecitos que no salen: con nueve carozos de aceituna se confecciona un collar que se colgará en el cuello del niño, hasta que los dientes aparezcan.

● Para que el cabello crezca, existe una fórmula mágica que consiste en cortarlo (preferentemente en luna creciente) y ponerlo en estiércol,

132

Los gitanos previenen el bocio
realizando un sencillo ritual
que consiste en soplarse primero la mano
y luego tocarse el cuello.

diciendo: *Que crezca mi cabello como las colas de los caballos.* También se puede enterrar el mechón al lado de un árbol deseando intensamente: *Que crezca mi cabello, como han crecido los bosques.*

Métodos que ayudan a sanarse

Para el asma

Aseguran que para curar el asma se debe ir al puerto durante nueve días seguidos, antes de que salga el sol, y conseguir un pescado vivo. Se lo sostiene en una mano y se le escupe tres veces dentro de la boca. Luego, se lo arroja al mar por encima del hombro. Es fundamental no voltearse al retirarse de allí.

Otro recurso que ayuda a tratar el asma consiste en buscar tres bichos canastos y un trozo de género de cualquier color, con lo que se hace un collar poniendo los bichitos dentro de la tela. El collar debe usarse durante nueve días. Cuando los bichitos se sequen y mueran, se curará el asma o, al menos, mejorará. Este último método también sirve para quitar el dolor de muelas.

Contra las verrugas

Según los gitanos, las verrugas aparecen como consecuencia de haber tocado un sapo o cuando un sapo orinó sobre la ropa del damnificado. Existe un sencillo ritual para deshacerse de ellas: se trata de contarlas, tomar por cada una un granito de sal gruesa y atarlos haciendo tantos nudos como verrugas se hayan contado. Luego, en la encrucijada de un camino se tira el trapito sobre el hombro, hacia atrás. No hay que darse vuelta para mirar. Al poco tiempo, las verrugas desaparecen.

Otro recurso es poner ajo bien picado sobre ellas y envolver la zona afectada durante tres días. Luego, se arroja el ajo y la tela hacia atrás, sin voltear, en un lugar desierto.

Hay otro método, que consiste en levantarse antes de que salga el sol, tomar una papa, cortar un pedacito y frotar con él las verrugas. Luego, tirarlo lejos. Esto se repite durante nueve días, lapso que tardarán en borrarse. Dicen que a los dos días ya se ven resultados.

Es necesario respetar estrictamente la hora, para que se convierta en realidad lo buscado. Siempre hay dos aspectos distintos en todos los métodos: un aspecto físico y otro astral, mágico, sobrenatural. Los rituales se llevan a cabo, y luego se espera que las fuerzas superiores obren por nosotros.

Para la epilepsia y los desmayos

Para los gitanos, la epilepsia y los desmayos no son enfermedades, sino el resultado de una posesión momentánea (sobre todo, cuando no se encuentra diagnóstico clínico) o una brujería. El modo de atacarla viene de mucho tiempo atrás y aún se utiliza: hay que tomar seis claveles, tres rosados y tres blancos, y ponerlos tres días en agua bendita. Luego, sacarlos, picarlos bien, condimentarlos con incienso de sahumar, agregar harina común y amasar con todo una tortita. Dar al enfermo de comer un pedacito a la mañana, en ayunas y otro pedacito a la noche, antes de acostarse, durante nueve días, tiempo en el cual debe terminarse la porción. Hecho esto, aseguran que no vuelven a desmayarse.

Otro remedio es pedir al sacerdote la bendición de dos elementos: agua e incienso en polvo. Luego, se los mezcla en una botella y se le da al enfermo durante nueve días. Además, es un remedio contra los sustos, los fantasmas y los malos espíritus. Si se ralla un pedacito de cuerno de ciervo y se lo da a tomar en agua bendita, durante nueve días y en tres sorbos, se sanará, tambíen, de los ataques.

Dolores en general

Según los gitanos, también los dolores y los golpes de aire son malos espíritus que atacan a los humanos y, para liberarse, hay que dirigirse a alguien que sepa curar de palabra.

El siguiente testimonio, de la señora O. Castillo, servirá como ejemplo: *Fuimos durante tres días seguidos a buscar a la anciana experta en artes mágicas, para que sanara a mi hermano de una parálisis facial. Ella repitió el mismo ritual, durante tres días: primero, calentó en la cocina y al rojo vivo un nido de hornero, después lo puso en un fuentón de loza y le echó agua encima, lo cual produjo un vapor. En ese momento, hizo que mi hermano expusiera el rostro al vapor resultante, mientras ella maniobraba con una cuchara mágica, una de las cucharas de los cuatro vientos (hay sólo cuatro en todo el mundo, ella tenía una), y murmuraba rezos y palabras que sólo ella sabía. A los tres días, cuando se terminó la cura, mi hermano se sanó; su rostro volvió a la normalidad. A partir de entonces, yo misma, copiando el método, logré curar a un "gayó" (hombre no gitano) que tenía su rostro doblado.*

La misma señora me contó lo siguiente: *Mi bebé (que hoy tiene dieciséis años) tiraba la cabecita hacia atrás, tenía la mollera abierta y no se le cerraba y le latía y lloraba por los dolores que esto le ocasionaba. Decidí ir a ver a otra gitana que tenía fama de curandera y, cuando le indiqué los síntomas, me dijo que mi niño sufría de "molechi" (una especie de alergia). Para curarlo me mandó a juntar nueve cucharas soperas y nueve agujas, todas de diferentes hogares, y a comprar un jarro o taza de loza. Así lo hice y le llevé lo pedido. Procedió a tomar la taza y puso en ella las nueve agujas. Con las nueve cucharas fue poniendo por cada una cenizas del brasero, mientras decía: "Si es de perro, si es de gato, si es de ropa de lana, si es de pluma, que se vuelva sobre los perros, que se vuelva sobre los gatos". Luego, tomó la taza y volcó el contenido en un plato, volvió a poner en la taza ahora sólo el líquido burbujeante (el mismo del ejemplo anterior) y me la entregó para que lo tirase sobre cualquier perro que encontrara de regreso a casa. Procedimos de igual modo durante nueve días. El último día de la cura observé, sorprendida, que el líquido de la taza se había secado, que ya no hacía burbujas ni la ceniza bajaba al plato. Me pidió, además, que ayudara al tratamiento deshilachando una vieja soga y, poniéndole leche de mi pecho, se la colocara a mi hijo sobre su cabecita abierta, sostenida por un gorro. Le obedecí y mi niño no tardó en sanar totalmente.*

Trabajos con velas

Pedir por un enfermo o accidentado a algún santo prendiéndole velas, sobre todo si la oración la ejecuta el padrino o la madrina del que sufre, adquiere un poder extraordinario. El padrino (el padrino o la madrina) tiene mucho que ver con lo místico: es el encargado de jurar (cosa muy seria para los gitanos) en una iglesia ante Dios, los santos y vírgenes por su ahijado. Entonces, quién mejor que el padrino para interceder ante Dios.

Cuando se trabaja con velas, algunas señales nos dicen que la promesa u oración fue escuchada. Cuando la vela se prende y se apaga sola, eso significa que lo pedido será concedido. Si de modo accidental se quema la capilla o el santo al cual estamos pidiendo (nunca jamás hay que provocarlo), esto debe ser interpretado casi como un milagro: lo más probable es que se cumpla lo pedido.

En mi familia ocurrió un incendio que contribuyó a la recuperación de mi abuelita. El auto de mi abuela había volcado y ella estaba internada en grave estado. Como era viejita, había poca probabilidad de que terminase bien. Por ese entonces, en casa éramos muy devotos de la Difunta Correa, a tal punto que mi padre había mandado a confeccionarle su propia capillita de piedra. Mi madre le prendió un par de velas blancas y, a poco de terminar de consumirse, se produjo un incendio en la capilla. Recuerdo que mi madre gritó: *Es un milagro, mi mamá se va a salvar*. Y, efectivamente, no sólo se salvó, sino que vivió en salud quince años más.

Creo que cualquier persona puede emplear lo que he expuesto en este capítulo, en especial si se recurre a alguien de confianza y se tiene fe.

CAPITULO

13

Remedios caseros

*Los gitanos cuidan mucho
su cabello. Por eso es que emplean
gran cantidad de remedios
naturales para mantenerlo fuerte
y evitar su caída.*

os zíngaros saben muchos remedios caseros para paliar y aun curar las enfermedades. Mi intención es dar a conocer algunas plantas medicinales, pero de ninguna manera recomendarlas como única medida. El verá si le son útiles o no, pero hay que recordar e insistir en que la automedicación no es prudente y que el único que puede recetar es el médico. Y pensar que la ciencia de nuestros días supera a la de ayer.

Laxante

Beber té de cáscara sagrada

Pasionaria

Calmante

Para calmar los nervios, la angustia y la ansiedad, un buen tranquilizante es el "Mburucuyá" (también llamada Flor de Cristo o Pasionaria). Hay que hacer un té con la planta y tomar varias veces al día, amargo o con azúcar. Pero ¡ojo!: no abusar porque baja la presión.

Antigripal

Hay que hervir limón con vino, dejarlo enfriar y tomarlo a la hora de acostarse, tapándose bien para sudar.

Para los resfríos

El coñac con leche y miel es uno de los preparados más efectivos. También, la ruda frita en aceite comestible sirve para aliviar golpes de aire, resfríos y dolores musculares. Se deja entibiar en aceite y se unta con él las partes doloridas, antes de acostarse, para que trabaje por la acción del calor.

Es un procedimiento que alivia resfríos y bronquitis, al igual que la grasa de gallina, untados el pecho y la espalda.

Para los dolores musculares

Para aliviar y hasta curar los intensos dolores de músculos y huesos, se mezcla una tableta de aspirina con un poco de kerosene y alcohol fino, se agita y se aplica a la hora de irse a dormir. La acción conjunta del preparado y el calor hace maravillas, pero... irrita mucho la piel, al punto de enrojecerla y arder.

Para la picazón

Ya sea por alergia y sarnilla de la piel, el vinagre blanco alivia y hasta sana.

Para fortalecer el cabello

Tomar un paquetito de clavo de olor y ponerlo en una botella de agua de un litro, dejándolo macerar por siete días. Hay que usarlo diariamente como loción de peinado. Fortalece y hace crecer el cabello.

Albahaca

Para que el cabello crezca

No sólo para evitar la caída del pelo, sino también para ayudarlo a crecer, hay que poner romero, perejil y albahaca en alcohol fino rebajado con agua, en un frasco de boca ancha. Se lo deja macerar por lo menos una semana. Usado como loción dos veces al día, evita la caída del cabello y ayuda a que crezca.

Romero

Para el cabello débil y los piojos

Vigoriza el cabello débil enjuagar la cabeza con una infusión de romero. También, es efectiva para combatir los piojos. (Antes, para terminar con ellos, los gitanos se ponían kerosese puro o flit y se envolvían la cabeza con un pañuelo durante varias horas, por ejemplo, antes de acostarse. Hoy usan productos del mercado.) Si se pasa el líquido por el rostro con un algodón, lo mantiene claro y lozano.

Lechuga

Para curar el insomnio

Comer el centro de una lechuga y dormir con la planta debajo de la cabeza por tres días.

Para aliviar a los enfermos del corazón

Se toma la piedra que deja el rayo al caer y se pone a reposar en agua fresca. El agua resultante, bebida, es curativa. Sin embargo, los zíngaros no aconsejan tener esá piedra en su poder, porque es muy probable que cause la muerte por un rayo. La leyenda dice que una gitana encontró la piedra del rayo y la llevó a su carpa. De pronto, se levantó una tormenta y ella salió, sin sospechar que su diente de oro atraería el rayo que la fulminó.

Para el dolor y el enfriamiento de los oídos

Se fríe en aceite de comer un preparado compuesto por bolitas amasadas con dos bichitos de luz, se deja entibiar y se ponen dos gotitas en cada oído. Es efectivo también para disolver la cera que suele juntarse en ellos. Una variante es freír unas hojitas de ruda y proceder del mismo modo. Para el dolor o la sordera, otro recurso consiste en poner en los oídos dos gotas de leche materna de una mujer que amamante a un niño varón.

Para la irritación de los ojos

La leche materna también ayuda a combatir cualquier molestia o irritación que suelen causar las basuritas u otro agente dañino. Dos gotitas en cada ojo alivian bastante.

Para el catarro y la bronquitis

Aun para la bronquitis y los catarros crónicos, un buen expectorante y emoliente se hace con una botella de grapa, miel y grasa de jabalí. Se derrite la grasa, se bate con la miel y el preparado se agrega a la grapa. Luego, se deja macerar, agitando de vez en cuando. Se toma por cucharaditas, varias veces al día como cualquier jarabe.

Para saber si se tienen parásitos

Los gitanos aseguran que la única forma de saber si se tienen parásitos, más allá de lo que digan los médicos y sobre todo los análisis (que a veces dan negativo), es poner un litro de leche en una palangana con bastante azúcar y sentarse en ella, sin ropa durante aproximadamente media hora, por la mañana y con el estómago vacío. Si hay parásitos, bajarán a tomar la leche azucarada. La mezcla los atrae y hasta se los podrá ver allí. Si no se los ve, se está libre de ellos.

Ajo

Para eliminar los parásitos

Picar nueve dientes de ajo y ponerlos en un frasco con nueve cucharadas de vinagre blanco y nueve de aceite de cualquier tipo (oliva, girasol o maíz). Dejar macerar veinticuatro horas y tomar en ayunas una cucharada de azúcar, esperar un minuto e inmediatamente ingerir una cucharada del líquido a base de ajo. Repetir la toma durante nueve días. Antiguamente se tomaba nafta blanca o de avión durante tres días y en ayunas.

Para extraer los parásitos de la piel

Se hace un preparado con leche, migas de pan, unto sin sal y azúcar. Cuando los bichitos salen a comer, se los retira de la piel.

Para eliminar granos y espinillas

Los elementos que se usan son: dos botones de nácar, sulfatiazol y *sulfanamida*, vaselina en pasta y cuatro limones bien jugosos.

Se coloca en un bol el jugo de los limones y los dos botones. Se deja reposar y luego se agrega sulfanamida y sulfatiazol molido, se revuelve y se dejar macerar unas dos horas, hasta que los botones se derritan. Después, se agrega la vaselina, se bate todo y se coloca en un pote. Se pasa en la zona afectada una vez a la mañana, después del lavado, y otra a la noche, antes de acostarse. De un día para el otro se perciben los resultados y, en quince días, los granos y espinillas se curan totalmente.

Para curar el eczema

Un frasquito de sulfatiazol líquido, bastante azufre molido y vaselina en crema. Hay que mezclar bien hasta lograr la consistencia de una pomada. Con ella, se frota la parte afectada, al menos dos veces al día. Si se desea neutralizar el mal olor del preparado, se pueden echar unas gotitas de perfume.

Para el dolor de huesos y el reumatismo

Se toma la grasa de una anguila y se pasa sobre las partes doloridas. También, sirve para humectar el cabello seco, lo mismo que la grasa de tortuga.

Para calmar dolores menstruales

Es recomendable beber taza de té de orégano, en infusión.

Limón

Para disolver y arrojar cálculos biliares

Tomar durante tres días y en ayunas un preparado con el jugo de nueve limones y medio vaso de aceite de oliva. Al tercer día, tomar un laxante. Es necesario comer liviano durante este tratamiento, en lo posible, solo caldo.

Para cicatrizar llagas y heridas

Preparar un cocimiento con flor de ceibo, dejar entibiar y lavarse con el líquido.

Naranja

Para fortalecer la vista débil

Colocar en dos litros de jugo de naranja fresco, medio kilo de zanahorias ralladas. Dejar toda una noche al sereno, para que proliferen las vitaminas y reciba las fuerzas astrales (es aconsejable consagrar el preparado al planeta Marte, pues representa la fuerza). Hay que tomar varios vasos al día, preferentemente uno antes de desayunar. Se puede repetir todas las veces que haga falta.

Para las cicatrices

Para que no queden cicatrices de las quemaduras o cortaduras simples, apenas se produzca el accidente se revuelve la tierra mojada para sacar lombrices, que se freirán en aceite común. Con el líquido se masajea suavemente la parte lastimada.

Para detener la diarrea

Un remedio que llegó hasta nuestros días consiste en preparar un cocimiento con hojas de duraznero y agregarlo en harina común tostada (la harina debe tomar un leve tono marrón). La mezcla se da a beber al enfermo.

Para las verrugas

Además de los métodos señalados en el

capítulo anterior, se pueden frotar con azuleno diariamente, hasta que desaparezcan.

Para el dolor de los dedos

Cuando se golpea un dedo, queda afiebrado y dolorido. Para conseguir, que cese la molestia, se debe colocar el dedo en el ano de una gallina o un pollo.

Para recuperar la virilidad y el vigor

A una botella de whisky o coñac se agrega medio kilo de nueces peladas, un poco de canela en rama y vergajo rallado. Se deja reposar la preparación durante tres días, agitándola de vez en cuando. Se toman dos copitas al día, después de las comidas principales, hasta terminar la botella. Las sabias gitanas dicen que no es necesario terminar el preparado para observar los efectos. Además, es preferible reemplazar el desayuno y la cena habituales por jamón crudo y melón.

Canela

Para los atrasos menstruales

Té de ruda, cocimiento de canela o infusión de albahaca. En altas dosis, estas hierbas pueden ser abortivas, sobre todo si se mezclan las tres. Con el mismo objetivo, se puede mezclar una tableta de aspirina (envase verde) en agua en la que se hayan hecho hervir cuatro limones cortados en gajos. Tomado de continuo puede resultar un abortivo.

Para que se produzca el embarazo

Hay que conseguir una estrella de mar, dejarla reposar durante tres noches en agua clara y luego, beber el líquido. Si está en nuestro destino tener un hijo, el mar mismo nos tirará una estrella. Cuenta la leyenda que una mujer gitana que no podía concebir recibió el don del mar, que le regaló una estrella, una sola, y un solo hijo tuvo. También dice la leyenda que el hijo se volvió millonario y la sacó de la miseria.

Yerba mate

Para estabilizar la presión

Los baños de pies en cinco litros de agua tibia con una taza de yerba mate ayudan a estabilizar la presión y calmar los calambres.

Para bajar el colesterol

Se corta en cuatro gajos cada fruta: un pomelo, una naranja y un limón, y se los pone a hervir en dos litros de agua hasta que se reduzcan a un litro. El líquido se toma por la mañana, en ayunas, durante un mes. Este método logró sanar a una señora y su médico ahora lo utiliza con los pacientes.

Para curar el asma

Se pone a hervir un nido de picaflor en dos litros de agua. Se beben dos tazas al día, hasta terminar el preparado. También se asegura que el té de hojas de ombú alivia esta enfermedad.

Para liberarse de la sarna

Se prepara una emulsión con agua tibia y

un chorrito de karcina. Después de bañarse y enjuagar bien la zona afectada, se echa la preparación sobre el cuerpo, sin secarse. Es conveniente dejar que el agua se escurra sola.

Para fijar el peinado

Antiguamente, para peinarse se usaba grasa de cerdo derretida, con flit o kerosene.

Refranero popular gitano

*Traducir los refranes gitanos
no es difícil, si lo hacemos
en forma literal. Lo complicado
es transmitir el sentido real
de la frase.*

lgunos objetos y útiles del mundo gitano han dado lugar a refranes muy particulares que se hicieron populares entre las colectividades, hasta llegar a nosotros. La carpa, los palos que la sostienen, las brasas y las cenizas del "peco" (disco donde se hacía fuego) ya casi han dejado de usarse, pero están vigentes en dichos, refranes y "poncos" (indirectas) y en pensamientos o moralejas propias de antiguos y maravillosos cuentos gitanos. Veamos algunos.

• Si iec angar usharadó.

Es una brasa oculta (oculta por la ceniza).
Se refiere a las personas hipócritas.

• Mar ande beli te ashunel o berán.

Golpea en el palo menor para que escuche el mayor.
Este dicho alude a los palos menor y mayor, que son el trasero, que sostiene la carpa, y el del medio). Se refiere a que conviene decir las cosas indirectamente, para que lo entienda la persona a la que se procura incriminar.

• Mai faida la boriasa que la beliasa.

Más vale quedarse con la nuera que con la carpa.
La mujer gitana siempre fue vendida en matrimonio y, antiguamente, el único techo de los gitanos era la carpa. De allí el sentido de este refrán, que indica que los gitanos prefieren quedarse sin techo a cambio de tener esposa.

• Le chojgués deles iec cotor maggó, ay iec puggó ande bul.

Al pobre -o mendigo- dale un pedazo de pan y una

patada en el trasero.
Sobre el sentido de esta frase, hay una en castellano que dice algo parecido: *Les das la mano y se toman el codo.*

• Na shude o cotor o puranó papa o nevó.
No tires el trapo viejo por el nuevo (y todo lo demás, es decir, esposa, casa auto, etcétera).

• Choggó biándilo, ai choggó merel.
Nació pobre y pobre va a morir.
En el Martín Fierro se dice: *Al que nace barrigón es al ñudo que lo fajen.*

• Abresco shucarimós, si abresco choggumós.
La belleza de uno puede ser la desgracia de otros.
Lo más probable es que esta frase se refiera al enamoramiento o la pasión y a los problemas que eso traía en la colectividad a causa de la represión de esos sentimientos.

• But suato, but chogumós.
Mucho palabrerío, mucho lío.
"Suato" es conversación y también palabra; "choggumós" es todo lo malo. Es un refrán que viene de la antigüedad: después de comer, las personas se sentaban a hablar, y de allí surgían peleas, insultos, acusaciones, etcétera.

• But quirbé anciel o fino bi anboldó.
Muchos compadres, queda el ahijado sin bautizar (o mal bautizado).
El sentido de este dicho se asemeja al del refrán español: *Muchas manos en un plato hacen mucho garabato.*

• ¿So si pinda birobiliá pe abresqui bul?

¿Qué son cincuenta abejas en el trasero ajeno?

La frase habla de lo poco que nos importa, habitualmente, lo que les sucede a los demás.

• Andia iec batra tut ai diala le pugguesa.

Trajo una vez una jarra de leche y lo pateó.

Se refiere a las personas que traen, hacen o dicen algo bueno y en seguida lo echan a perder.

• Pala e borí si te khuelelelpeande batra.

Si quieres una borí -nuera- esposa para tu hijo y sirvienta para ti, debes bailar en la ceniza.

El dicho alude a la necesidad de esforzarse para conseguir lo que uno se propone.

GLOSARIO

Las palabras que figuran en este listado aparecen escritas tal como la autora lo indica. Sin embargo, por ser la lengua gitana un idioma de uso casi exclusivamente oral, la grafía puede presentar diferencias con otras versiones escritas.

B

babichí: hadas malas.
bastalí: buena buerte.
bastaló: suerte.
bibastalí: mala suerte.
biurro: impuro.
blagostobo: todo bueno, placer, libertad.
boeshicas: gitanas de Rumania. (**boias:** masc.).
borí: nuera.

C

chinesara: el día que precede a la fiesta de la Virgen.
chocolia: calzado, zapatos.
choggumós: lo malo, lo negativo.
chojani: fantasmas, malos presagios. También, pasta que se ingiere para ahuyentar a los fantasmas.
chubarís: espíritus protectores, guardianes.

colaco: torta borracha.
curcó: domingo, semana.

D

daggo: dinero con el que los invitados ayudan a solventar la fiesta de casamiento.
dhusmano: diablo.

E

eslava: fiesta de la Virgen.

F

farmichi: brujerías.

G

gada: ropa.
gayé: gente no gitana (**gayí:** fem. sg.; **gayá:** fem pl.; **gayó:** masc. sg.).
ggedalia: paciencia.
ggomaní: gente gitana.
ggusos (o jgusos): gitanos de Rusia.
guisá-bare: grandes días.

J

juité: jueves.

L

leste/late: él/ella.
luné: lunes.

M

marchin: martes.
marilpe: manchar, volver impuro.
marimé: manchado, impuro.
mburucuyá: pasionaria, planta con la que se prepara una infusión tranquilizante.
mierculé: miércoles.
molechi: alergia.
mulé: muertos.

P

paquibalí: fiel, pura.
parastuí: viernes, dìa santo, Semana Santa.
peco: disco donde antiguamente se encendía el fuego.
pologo: carpa pequeña, mosquitero.
pomana: celebración por los difuntos.
poncos: indirectas.

Q

quisí: bolsita donde se guardan los objetos para la adivinación (amuletos, cruces, cartas, estampas, etc.).

R

razzai: sacerdote.

S

sabatuné: sábado.
sacho: satisfacción, limitación. Ritual que se ofrece al recién nacido con el fin de que sus bienes materiales lo satisfagan durante toda la vida.
saminisar: revertir, rezos que sirven para revertir las maldiciones.
sheaga: cofre.
shoro: cabeza.
shumuto: la luna.
suato: conversación, palabra.

T

tarará: abuelo.

U

usutoris: ángeles, santos, vírgenes.

Y

yalia: luto, duelo.

INDICE

TÍTULOS DE ESTA COLECCIÓN

Impreso en los talleres de
Trabajos Manuales Escolares,
Oriente 142 No. 216
Col. Moctezuma 2a. Secc.
Tels. 5 784.18.11 y 5 784.11.44
México, D.F.